思维格局文库

企业管理法则

“思维格局文库”编委会◎编著

海峡出版发行集团 THE STRAITS PUBLISHING & DISTRIBUTING GROUP | 福建科学技术出版社 FUJIAN SCIENCE & TECHNOLOGY PUBLISHING HOUSE

图书在版编目（CIP）数据

企业管理法则 / “思维格局文库”编委会编著.
—福州：福建科学技术出版社，2017.6（2020.1重印）
（思维格局文库）
ISBN 978-7-5335-5338-8

Ⅰ.①企… Ⅱ.①思… Ⅲ.①企业管理－通俗读物
Ⅳ.①F270-49

中国版本图书馆CIP数据核字（2017）第096573号

书　　名　企业管理法则
　　　　　思维格局文库
编　　著　“思维格局文库”编委会
出版发行　福建科学技术出版社
社　　址　福州市东水路76号（邮编350001）
网　　址　www.fjstp.com
经　　销　福建新华发行（集团）有限责任公司
印　　刷　河北环京美印刷有限公司
开　　本　710毫米×1000毫米　1/16
印　　张　19.5
字　　数　300千字
版　　次　2017年6月第1版
印　　次　2020年1月第7次印刷
书　　号　ISBN 978-7-5335-5338-8
定　　价　39.80元

前言
Foreword

管理企业是很多成功人士的梦想，有很多人都在为这个梦想努力着。当然，有的人还在徘徊，也有的人已经置身其中。而置身其中的管理者所尝的酸甜苦辣，相信大家都有所耳闻。其实，他们在管理的过程中遇到了很多的棘手问题，比如企业在经营和发展的过程中所面临的管理问题。而企业管理是否能良好地运行，在一定程度上也决定着企业的前途和发展。

本书意在帮助企业高层管理者如何去解决管理中所遇到的问题。这些问题包括企业文化管理、投资管理、决策管理和领导艺术管理。通过介绍相关的管理内容，帮助管理者解决管理过程中的遇到的问题。同时，本书还能在一定程度上为管理者起到穿针引线的作用。

在实际的管理过程中，管理的范畴包括多方面的内容，既有企业外部管理，即采购、宣传、竞争等管理，还有企业的内部管理，即产品、时间、成本等管理。这些问题既能给企业带来好的效益，还能给企业造成损失，而决定这一切的关键在于管理者如何去管理。

管理者若想把企业管理得井井有条，不妨阅读一下本书。它能切实有效地帮助管理者解决工作中遇到的问题，比如公关、债务、融资、运营等。这些内容都是本书着重要介绍的。

本书从管理者的角度出发，从企业管理理念到企业管理方法，全面系统地介绍了管理者如何去管理企业，涵盖了企业在发展过程中所遇到的各种各样的问题。相信本书能为每一位企业管理者提供管理良方，希望管理者能从中找到属于自己的正确方案，真正把自己所在的企业发展起来。

目录
CONTENTS

第六章　宣传管理——给企业带来无形收入

第七章　竞争管理——在竞争中脱颖而出

第八章　客户管理——让客户忠诚于你

上篇

企业外部管理

PART

第一章

1

文化管理——彰显企业内涵

对工作要投入疯狂的热忱

对工作投入疯狂的热忱既是一种工作态度，也体现了一种工作精神。一个人若能做到这一点，那可以想象一下他的成就。当然，这种工作精神在无形中也起到了一个鞭策作用。像比尔·盖茨就把这种精神发挥得淋漓尽致。他每周都会工作 60 ~ 80 个小时，而公司里的员工也在他的带动下变成了工作狂。正是这种工作热情，使得微软公司的员工不断开拓创新，开发出一批批适应市场需求的先进软件。不得不说，这种精神正是每个人应当学习的。

在公司刚刚创立的头几年，公司聘用了一位 42 岁的女秘书——米丽亚姆·卢宝，公司的工作氛围让她大吃一惊，因为公司员工都是工作狂，尤其是老板比尔·盖茨。

在和比尔·盖茨相处的过程中，她发现自己的老板工作极为努力，每星期工作 7 天，从不休息。有时，他一连好几天都不离开办公室。当她早上来上班时，常常发现他睡在办公室的地板上。比尔·盖茨一个人的时候，他时常忘记了吃饭，所以米丽亚姆开始像一个母亲那样关心他，提醒他去吃饭，常常在中午饭的时候给他带汉堡包。当他会客时，米丽亚姆看着表，主动地来提醒他："比尔，你们快停一停，先吃午饭吧。客人可能饿坏了，现在已经下午两点钟了。"

公司的工作氛围感染了米丽亚姆，米丽亚姆把公司绝大部分的后勤管理工作都包下来了，同时她还要尽可能地让那些程序编制人员在最舒适的环境中工作。

比尔·盖茨曾这样说道："每天一醒来，一想到所从事的工作和所开发的技术将会给人类生活带来的巨大影响和变化，我就会无比兴奋和激动。"比尔·盖茨的这句话阐释了他对工作狂热的激情。比尔·盖茨认为，一个能够成就事业的人，最重要的素质就要有对工作的狂热激情，这种工作态度，已经成为微软企业文化的核心。

比尔·盖茨的这种工作态度对于好逸恶劳的人实在是一种挑战，特别是对于注重休闲生活的美国人而言，夜以继日地开发软件实在是难事，但微软公司还是能够吸引大批的人才。

与此同时，比尔·盖茨能够让公司的全体员工，或者称工作伙伴，在公司里长时间毫无怨言地工作。看来，比尔·盖茨的确已经在公司内部营造出一种气氛，一种企业文化，让大家有长时间工作的动力。在比尔·盖茨的带动下，全体员工也变成了工作狂，就此，他说过："这些人，每天都是一边工作，一边想着'我要赢'。故此，在周末工作并不是稀罕的事。"

实践证明，在职场中有怎样的领导就会出现怎样的员工。而激情就是在领导的带动下员工共同创造的，企业文化就隐藏在每个细节中。所以，企业管理者在工作时投入狂热的热忱，这样有助于企业形成一种无形的感染力，进而使员工为企业创造辉煌的成就。

借用生命的微光继续前行

任正非《天道酬勤》这篇文章中有这样一段文字：艰苦奋斗是华为文化的魂，是华为文化的主旋律，任何时候都不能因为外界的误解或质疑动摇华为的奋斗文化，任何时候都不能因为华为的发展壮大而丢掉华为的根本——艰苦奋斗。

在华为创办 20 年后，任正非重新强调"奋斗文化"这一主题，显然是有缘由的，这要从 2006 年的"胡新宇事件"说起。

胡新宇，2005年成都电子科技大学硕士毕业后，进入深圳华为公司从事研发工作。2006年4月底住进医院之前，他经常在公司加班加点，晚上就在办公室打地铺熬上一宿。他被送入医院后，连续几天的抢救依然没能挽回这位劳累过度的工程师年轻的生命。

任正非刚创业的时候，由于管理体系不完善，加上客户对产品的需求不断增加，员工经常要工作到深夜，累了就铺一张垫子休息，因此在华为有“床垫文化”之说。胡新宇病故后，国内许多大媒体对这一事件纷纷报道，并将胡新宇的病故归因于“过劳死”。当时在社会上引发了针对华为“床垫文化”的批判，认为这种只顾工作而不顾人性的文化已经不合时宜。其实，任正非从2000年开始就不大提“狼性文化”了，而“床垫文化”属于华为艰苦奋斗精神的重要组成部分。艰苦奋斗是华为文化的魂，是华为之所以能走到今天最重要的推力，是华为在任何条件下都必须坚持不懈地保持的重要文化。

华为不战则亡，没有退路，只有奋斗才能改变自己的命运。任正非指出，华为走到今天，在很多人看来已经很了不起，很成功了。有人认为创业时期形成的“床垫文化”已经过时了，可以放松一些，可以按部就班，这是很危险的。

任正非说，十几年来，华为高层管理团队夜以继日地工作，有许多高级领导几乎没有什么节假日，24小时不能关手机，随时随地都在处理发生的问题。现在，更因为全球化后的时差问题，公司总是夜里开会。华为没有国际大公司积累了几十年的市场地位、人脉和品牌，没有什么可以依赖，只能比别人更多一点奋斗，只能在别人喝咖啡和休闲的时间努力工作，只能更虔诚地对待客户，否则就拿不到订单。

为了能团结广大员工一起奋斗，华为高层领导不断地主动稀释自己的股票，以激励更多的人才加入前人从未经历过的艰难事业中，让大家一起追寻着先辈的梦想，背负着民族振兴的希望，共同艰苦跋涉。公司高层领导的这种奉献精神，正是用自己生命的微光，在茫茫黑暗中，引领并激励着大家艰难地前行，不论前进的道路上有多少困难和痛苦，有多少坎坷和艰辛。

华为开发国内市场已经充满艰辛，可是在进行海外市场的开拓时，才发现那里的竞争更为激烈，生存更加艰难，如果没有艰苦奋斗的精神，华为的国际化将寸步难行。如今获得的国际化成就，就是源于华为人忘己的奉献精神。

任正非在演讲时充满激情地说，中国是世界上最大的新兴市场，因此，世界巨头都云集中国。华为创立之初，就在自己家门口碰到了全球最激烈的竞争，企业不得不在市场的狭缝中求生存；当华为走出国门拓展国际市场时，放眼望去，所能看到的良田沃土，早已被西方公司抢占一空，只有在那些偏远、动乱、环境恶劣的地区，对手动作稍慢、投入稍小，华为才有一线机会。为了抓住这最后的机会，华为员工离别故土，远离亲人，奔赴海外，无论是在疾病肆虐的非洲，还是在硝烟未散的伊拉克，或者是海啸灾后的印尼，以及地震后的阿尔及利亚，到处都可以看到华为人奋斗的身影。

任正非继续说，华为有员工上高原缺氧地带，爬雪山，穿丛林，为服务客户无怨无悔；有员工在国外遭歹徒袭击，头上缝了 30 多针，康复后又投入工作；有员工在飞机失事中幸存，惊魂未定便开始救助他人，赢得当地政府和人民的尊敬；有员工在恐怖爆炸中受伤，或几度患疟疾，康复后继续坚守岗位；还有 3 名年轻的非洲籍员工在出差途中飞机失事不幸罹难，永远地离开了人间。

十几年的历程，十余年的国际化，伴随着汗水、泪水、艰辛、坎坷与牺牲，华为一步步艰难地走过来了，面对漫漫长征路，华为还要坚定地走下去。可见，良好的企业文化是员工努力奋斗的精神动力，对于企业的发展有着不可泯灭的重大意义。

搞清问题是发展的关键

想要做成百年老店很难，宝洁之所以做成了百年老店，关键是其有着深厚的企业文化底蕴。宝洁的企业文化注重以人为本，充分调动员工的积极性和创新精神。同时强调实施品牌战略，把企业文化与市场开拓完美结合起来，并在跨国经营中实现了不同文化的深层次融合，获得了巨大的成功。宝洁公司的企业文化为宝洁成为百年老店奠定了坚实的基础。

宝洁公司具有人员精简、机构简单的特点，这一特点与公司雷厉风行的行政风格相吻合。经理们常谈到“深刻明了的人事制度”,这一制度推动顺利、沟通良好。公司的标语是“一页备忘录”。

公司的前任高管理查德·德普雷强烈地厌恶任何超过一页的备忘录。他通常会在退回的冗长的备忘录时加上一条批语：“把它简化成我所需要的东西。”如果该备忘录过于复杂，他还会加上一句：“我不理解复杂的问题，我只理解简单明了的。我工作的一部分就是教会员工如何把一个复杂的问题简化为一系列简单的问题，这样我们才可以更好地进行下面的工作。”

一次，宝洁公司的一位经理向理查德·德普雷递交了一本厚厚的备忘录。在这份备忘录上，他详细地介绍了他对公司问题的处理意见。没想到，理查德·德普雷连看都没看，就在上面加了一条批语：“把它简化成一页纸！”

曾任公司总裁的爱德华·哈尼斯在谈到这个传统时说：“从意见中择出事实的一页报告，正是宝洁公司作决策的基础。”

一页备忘录解决了很大的问题。首先，因有少量的问题有待讨论，复核和使其生效的能力大大加强，使人们的思路明朗。其次，建议条目按序展开，简洁、易懂。总之，模糊凌乱与一页备忘录无缘。

查尔斯·埃姆斯是雷兰斯电器公司的前任总裁，现任阿克米·克利夫兰公司总裁。他发表了一个相关的观点："我可以让一位部门经理连夜赶出一份长达70页的意见稿，但我看来做不到的是得到一份只有一页长的稿子、一个图表，只注明趋向和根据这些趋向所作出的预测，然后说，'这3个因素可能会使其表现得更好，这3个因素可能会使其变得更糟。'"

一位金融分析家曾评价宝洁公司："他们干的是费力活，把事情搞得很透彻。"另一位补充说："他们处理问题很精细，甚至追求完美。"旁观者质疑，如果说报告只有一页长，他们是如何处理得如此透彻，如此精湛的呢？部分答案是他们不遗余力地将其浓缩为一页。传统上讲，由助理品牌经理或是年轻的品牌经理起草的第一份备忘录，至少要有15页。另一部分答案是他们做大量的支持性分析，正如其他人的做法一样。宝洁公司的不同之处就在于，它不会把这些备忘录强加于人。一页备忘录这一风尚的另一个令人信服的特征便是用纸张的数量尽量要少。

这就是宝洁的风格。在宝洁公司随处可以见到"一页备忘录"这条标语。他们坚持只用一页便笺进行书面交流，管理者要求员工不遗余力地将报告的浓缩在一页纸上，把问题搞清楚，把事情搞透彻。

任何制度都可以简化，为了提高效率，企业可以采用简便的方法加强企业内部的沟通，一页备忘录就是一种行之有效的手段，同时也是企业文化的一种折射，并在公司内部形成了一种风尚。

一页备忘录能把问题搞清楚，把事情搞透彻，能将工作化繁为简。马上行动，追求简单，事情就会变得越来越容易。反之，可能会给你和你的员工带来麻烦，让你感到棘手、头痛，精力与热情也跟着低下，费好大的劲儿才能完成某件事。化繁为简，可以让你的工作变得可行，你的信心和幸福感也会跟着大增。

做事在于自己

一个世界级企业的成功绝非偶然。诺基亚的成功是其独特的企业文化的成功，而让人最为感叹的是它独特的“管理之道”。成熟有效的企业文化表现在管理上，不仅具有相关策略，而且拥有人性化的文化基点，从而使公司保持一个完整的管理系统，使公司的管理系统能够持续激励员工勇于承担责任和创新。公司给予员工很大的自由，领导不会指导员工该怎么做，他只会在员工需要的时候提供帮助，为员工搭建一个合理运转的系统平台，与员工共同分享公司的管理。

现代大企业的通病就是官僚主义。总裁办公室附近的员工，工作几年甚至没能和总裁说上话，这样的体制怎么会不犯错误？又怎么能获得建设性的意见？这样的企业前途是暗淡的。

诺基亚从不这样，它强调公司与员工进行分享式管理，与员工分享公司的一切，让每一名员工都知道公司的方向在哪里，并如何共同努力去实现。在实现这个共同目标的过程中，每个经理都相当于一个教练，他的责任就是帮助员工做得更好。“是教你做事，而不是叫你做事”，这是在诺基亚工作的经理牢牢记住的一句话。这样做可以发挥每个员工的潜能，而不是仅仅像那些“官僚企业”依靠行政命令使员工机械地工作。

诺基亚也许是世界上最不官僚的跨国大公司，在公司里经常让人搞不清谁是负责人。每个部门都享有自由，当然必须以遵守一定的制度为标准。这种自由的管理模式，激发了每个员工的激情。例如，诺基亚 CEO（首席执行官）奥利拉在诺基亚的成功之一就是使员工可以抓住机会，积极采取行动。

奥利拉是个随和的人，作为公司的领导，他还是让员工敬畏。他是个非常急切地想表达自己想法的人，据说公司在开业务会时，大家在会议中的争论达到一定的激烈程度时，奥利拉总是站出来，将大家的意见归纳为几点，并指出各自的优劣，然后让大家从中进行抉择。一旦某一条意见为大多数人所赞同，奥利拉会毫不犹豫地说："好，就这么办。"他知道，任何一个决定都会有风险，而一个决策者应该做的是在实践中对决策不断修正，而不是在实践之前犹豫不决。

"其实没有什么秘诀，主要是我们公司创造了一种让人们的思想互相交流的方式。在这个公司可以用超越常规的思维方法来思考，可以犯错误。"奥利拉这样说，这就是诺基亚能抓住大机遇的秘诀所在。

诺基亚的做法是永远让最具备某项知识的人作出与之相关的决定。诺基亚采取的是循序渐进的方法，它的独特之处是每个部门享有自由，让员工发挥他们的所长，这就需要构建一个人员网络。结果，诺基亚成了世界上最不官僚的大公司之一，并且将这种不官僚的气氛渐渐融入诺基亚企业文化。可见，给员工一定的自由，让员工自由地发挥他们的特长，对于企业文化的构建以及企业的发展有着重要作用。诺基亚的管理策略值得所有企业管理者学习和思考。

量力而行地做事

长期以来，"实干闯未来"一直是广东民营企业真实而传统的经商心态，而商业功利意识过浓、文化底蕴不足又反映了其浮躁、急功近利的心态。

然而，比起其他国内大型企业来说，美的在何老总的带领下却表现得相当低调。因为美的不想获得政治荣誉，不想树典型、被标榜，也不想要虚名，美的关心的是赚钱，所以很务实。长久以来，在"少说、多做、悄悄干"原则的指引下，美的不仅很少被媒体追踪，甚至连扩大企业知名度的宣传造势也很少涉足，但美的的年增长率自20世纪80年代以来一直保持在35%的势头，这不能不说是一个奇迹。

几十年来，一路低调走过来的美的是稳健的、务实的，它在这个个性张扬、普遍浮躁的环境中继续保持着戒骄戒躁、求实创新的作风，经过大浪淘沙的残酷洗礼，至今仍保持着持久稳定的增长。20世纪80年代，美的的年均增长率为60%，90年代为50%……2003年，美的实现销售收入175亿元，同比增长30%，其中出口创汇5亿美元，同比增长60%。这些成绩背后，是美的人埋头苦干的务实心态，也正是这样的心态成就了美的。

然而，低调处世也会带来一些问题，比如，可能缺乏二次创业的激情、缺少强势的霸主态势和必要的全球化视野，以及过于微观的操作等。但聪明的美的人巧妙地回避了这些问题，他们用一轮接着一轮的科技创新掀起了创新的大潮；他们用宏观的战略眼光果断出击，成就了今天强势的霸主地位；他们用客观务实的海外战略布局，将美的的旗帜插在了大洋彼岸。

从这些成绩中，我们看出了美的所具有的独特优点，这就是美的一直坚持的价值理念，比如充分尊重顾客的利益，不乱吹，不去编造一些子虚乌有的“概念”等。而这恰恰是中国很多企业最缺乏的,又是最基本的营销道德观。很多时候，虽然我们口口声声说保护消费者利益、消费者至上，可谁又真正把消费者的利益放在首位？谁又能真正做到顾客至上呢？美的的成功，让我们在看到希望的同时，也看到了一些企业的软肋——浮躁、近利、好高。

多年来，美的不仅在作风上追求低调，在品牌传播上同样也坚持自己的风格。美的的风格偏向于女性化，有活力，比较柔，比较年轻化，但很清新，很脱俗。因此，美的在品牌传播形式上并不搞铺天盖地的广告战和视觉冲击，而是将重点放在店面设计上。清新典雅的风格、小家碧玉般的脉脉含情，将美的产品的内在韵味表达得淋漓尽致，而追求品位，不搞低俗化、庸俗化也一直是美的的精神所在。对此，美的的一位员工说:“我们一直反对新闻炒作。

市场部曾给了很多方案，包括炒作‘非典’……但我们不凑这个热闹。虽然这些对我们的短期效益是有点影响的，但我们还是必须坚持自己，并尽可能从这种坚持当中渐渐得到一些益处，比如公司品牌的提升等。”

2004年，当TCL公司收购汤姆逊和阿尔卡特为中国企业打开国际化之窗时，何老总没有头脑发热跟风而上，而是表现出超乎寻常的冷静和理智，并对当前形势表现出一贯的低调风格。同年，美国第三大家电巨头美泰克最终耐不住主动找到美的，并希望美的能够出手接盘，但何老总给出的意见是：可以接触一下，但送给我，我都不要。因为他非常清楚需求的边界和能力边界，他宁可让机会白白流走，也绝不谋求边界外的任何东西，不去做超出能力的任何事情。

“不背包袱，不扛大旗，不冒进，量力而行”，这是对美的务实低调、埋头苦干精神的精辟总结。无论是在商场还是在人生的旅途中，一步一个脚印，踏实前进，稳扎稳打，量力而行都是成功的必要条件。只有稳，才能长久，只有稳，才能越走越远。

给顾客营造家的感觉

在星巴克，有这样的一个理念，他们视顾客为尊贵的上帝，还把顾客当做自己的朋友。

德国的一家星巴克分店，有一对情侣经常来光顾，他们被星巴克浓浓的咖啡、热情周到的服务所吸引，再加上星巴克所散发的浪漫氛围，这对情侣简直视星巴克为自己的家，每天下班以后都要在星巴克品尝香浓的咖啡。同时，他们与星巴克的侍者建立了良好的关系。

一天，侍者发现这对情侣只来了一个，小伙子坐在昏暗的角落里叹息不已、郁郁寡欢，失去了往日的潇洒与浪漫。侍者小心翼翼地走近，耐心询问发生了什么事。年轻人很无奈但很坦诚地告诉侍者，他因为一件小事与女朋友吵架，他现在很后悔，不知道该做什么。侍者用温柔的目光看着年轻人，告诉他要主动向女朋友道歉，坦诚地面对自己所犯的错误，年轻人点了点头。一天、两天、三天过去了，第四天，那对情侣又出现在店里，小伙子用感激的目光看着星巴克的侍者——他的朋友。

顾客至上、亲情文化，给顾客一种家的感觉，这就是星巴克成功的文化基础。

舒尔茨初次来到星巴克时，首先闻到的是咖啡浓浓的芬芳香味，就像没有被打磨成型的钻石那样原汁原味，而他却有信心将这颗钻石打磨得更加璀璨。这种感觉让舒尔茨更加坚信，他今后的生活肯定是与咖啡分不开的。他毅然辞去了悠闲、高薪的工作，去星巴克做了一名营销总监。

米兰的一次出差成为舒尔茨人生中的一个重要转折点。在米兰，他进入一家咖啡店喝当地的咖啡，突然有一种重新改造星巴克的灵感——放松的气氛、交谊的空间、心情的转换，才是吸引顾客的精髓所在。

营销学的第一原理就是满足客户的需求。舒尔茨认为星巴克的产品不单是咖啡,还有在咖啡店的体验。舒尔茨在美国推行了一种全新的“咖啡生活”：“星巴克是人们的第三个场所，第一个是家，第二个是办公室，星巴克则介于两者之间。在这里待着，让人感到舒适、安全和家的温馨。”在中国一些有关小资生活方式的文章中经常提到这样一种现象：高级写字楼里的白领们一般上午在办公室，下午则在星巴克泡着。

“舒适、安全和家的温馨”主要靠在咖啡店中同顾客进行交流来打造，特别是咖啡生同顾客之间的沟通。每一个咖啡生都要接受严格的培训，包括客户服务、基本销售技巧、咖啡基本知识、咖啡的制作技巧等。咖啡生要能够理解顾客的需求，在耐心向顾客讲解咖啡的不同口感和香味的同时，也要能大胆地与顾客进行眼神接触。星巴克靠员工的耐心和经验，慢慢地建立与顾客的关系。最初他们以一对一方式与稍有品位的顾客交流，告诉他们如何区分各种咖啡，并指导顾客磨咖啡豆以及在家煮咖啡的技巧。这种与顾客分享咖啡信息的方法不但为星巴克打响了知名度，也培养了一群忠实顾客。

舒尔茨的策略是循序渐进的，是按一次一个顾客、一次一家店，或一次一个市场来做的。星巴克的标准是：煮好每一杯咖啡，把握好每一个细节。你可能今天面对的是第 100 位顾客，可对顾客来说，喝到的却是第一杯咖啡，他对星巴克的认识就是从这杯咖啡开始的。如今每周光临星巴克的人数达到了 2500 万人。星巴克的成功证明了一个耗资数百万元的广告不是创立一个全国性品牌的先决条件，充足的财力并非创造名牌产品的唯一条件，顾客的口碑才是最好的品牌效益，只有与顾客交朋友，把顾客的感觉尊为第一，公司才能长久地发展下去，并创造出永久的品牌。

PART

第二章

2

投资管理——为企业投资把脉

投资应有适当的规模

企业的投资规模决定了投资者对选定的产品的要求、数量及其生产技术水平。

制约企业投资规模的因素主要有：

社会对这种产品的需求总量以及市场的竞争状况；

该产品的技术特点和所在行业的特点；

该产品在企业全部产品中的地位及对企业发展的影响；

企业的能量级，主要是指企业自身的生产经营情况以及企业素质、企业筹集和调配资源的能力。

在上述因素中，前3个因素决定了产品投资应该达到的规模，后1个因素则决定了企业能够达到的投资规模，在4个因素结合的最佳点上，就是投资者投资的最优规模。

为了使创办企业的投资者在决策时能够更好地选择战略方针，我们将投资的战略归纳为如下几类分别进行介绍。

1. 发展型投资

发展型投资战略是投资者在现有水平上向更高一级迈进的战略，也是投资者广泛推行的战略，在国民经济高速发展时期，这一战略普遍收到了良好的效果。

对于一个投资者来说，如果试图同时在两个基础上实行多角度的投资战略，那么这个企业必将遇到极大的困难，这是因为这两个基础要求有不同的管理思想、管理方式和不同的投资战略，它们面临的问题也不同，一些发达国家企业的实践已证明了这一点。

2. 稳定型投资

稳定型投资战略适用于稳定或下降行业中的企业。这些行业的市场规模已无法继续扩大，企业产品在质量、性能、形式上已没有什么改变的余地，供需达到一定的平衡，这时的企业只有防御之功而无进取之力，继续投入资源已经意义不大。因此，这种战略的特点是，在投资方向上不再将老产品作为重点，不再追加设备投资，而是努力寻找新的投资机会；不再扩大现有企业规模，但尽可能地保持市场占有率，降低成本和改善企业现金流量，以尽可能多地获取现有产品的利润，积聚资金为将来的发展做准备。因此，企业除了对维持现有产品所需的一些项目进行小规模投资外，还可能对一些企业现有产品之外的“短平快”项目进行投资。

稳定型投资战略实际上是产品转向的一个过渡阶段，其过渡时间的长短，取决于老产品的寿命周期和转入新产品的难易程度。

企业推行这一战略的要点是，投资决策者要切实把握企业的优劣势，选准新的产品作为投资对象。

3. 退却型投资

这一战略多用于经济不景气，资源紧张，企业内部存在着重大问题，产品滞销，财务状况恶化，政府对某种产品开始限制，以及企业规模不当，而无法占领一个有利的经营角等情况，其实施的对象可以是企业，也可以是事业部、生产线或一些特定的产品、工艺。这种投资战略的特点是，从现经营领域中抽出投资，减少产量，削减研究和销售人员。这种战略又可分为两种：

（1）完全退却的投资战略，当企业即将破产时，将全部资产清算出卖以收回资金，偿还债务。

（2）部分退却的投资战略，在企业受到严重威胁时，为了生存，企业将部分非关键产品或技术卖出，或者委托别人管理，放弃在某一领域的努力，紧缩经营规模，转产经营别的产品，或与其他部门合并。

上述几种投资类型是投资者在选项时应完全考虑的。只有这样才能选择适当的投资规模，量力而行。

产业资本与金融资本的结合

纵观市场经济发展的历史，我们不难发现，当产业资本发展到一定阶段时，由于对资本需求的不断扩大，就会开始不断向金融资本渗透；而金融资本发展到一定阶段时，也必须要寻找产业资本支持，以此作为金融产业发展的基础。于是，产业资本与金融资本的融合就像“冬虫夏草”一样密不可分。

据了解，世界500强公司中，有80%以上都成功地进行了产业资本与金融资本结合的经营行为，而国内的产业资本和金融资本的结合还处于初级阶段。一位金融专家曾经说过，从表面上看，我国公司的产业资本已经与金融资本“紧密”地结合在一起，但实际上，金融资本与产业链条并没有实现真正意义上的互动。

在这种结合中，如何才能挖到“第一桶金”呢？作为一个有远大抱负的企业管理者，要做到：

1. 根据资本运作的客观规律行事

产业资本运作和金融资本运作有着不同的规律。以产业资本为例，传统产业的投资大多数是中长期投资，一般要在三五年之后才有可能有丰厚的利润回报，有的产业回报期可能更长。而金融资本则不同，例如在股票市场上，只要投资准确，回报期可能很短，利润也可能很高；与此同时，如果投资失误，也可能在很短的时间内，投资者一败涂地，血本无归。

所以，在产业资本和金融资本这两个完全不同的领域，公司对资本的回报率、流动资金周转率、固定资产占有率、固定资产折旧率、利润回报率等财务指标的要求都是不一样的。如果不对这些有正确的认识，即使你的公司从产业资本领域进入到金融资本领域，也未必能够挖到“第一桶金”。

2. 要有必要的人才储备

每个管理者不可能做到事事精通，但是当企业决定从产业资本领域向金融资本领域渗透时，必要的人才储备是必不可少的。反之，当金融公司希望向产业资本领域投资时，也要网罗一些精英人才，才有可能在自己并不熟悉的领域大显身手。

张瑞敏曾向记者说，他们在制造业方面的经验，如果生硬移植到金融业中，很可能会阻碍它的发展。有些做法是难以移植的，但创新的思路，创新的发展战略，大胆引进人才的机制，都有助于海尔进入他原本比较陌生的金融领域。为了增加自己对金融领域业务的判断力，海尔还邀请了一些金融业的专家参加海尔的有关会议，虚心听取这些专家的意见。

3. 对金融市场的风险要有足够的承受力

在物质基础方面，要有相当丰厚的资本和产业实力作基础，才可以进入金融领域，对此许多管理者是有充分准备的；在心理承受力方面，因为金融领域内的刺激性新闻很多，当这些新闻与自己的经济利益息息相关时，就会有一种“切肤之感”，不管亏损时让你感到的“切肤之痛”，还是赢利时让你感到的“切肤之乐”，都需要你有坚强的心脏和神经系统来承受。如果没有充分的准备，那么金融市场风险带给你的痛苦将大于欢乐。对此，许多管理者未必都已经准备好了。

创意是进行投资的关键

美国硅谷是信息业人士创造财富和神话的地方，这里的沙山路是风险投资家聚居之地。有人开玩笑说，硅谷人什么都不怕，就怕缺少创意。只要有好的创意，什么都不带，拿着你的方案到沙山路去，大声地喊叫“Internet”“3D”“Yahoo”“AGP”之类最时髦的名词，或大家都听不懂的术语，立刻就会有风险投资家从天下掉下来，将大把的钞票送给你，其唯一的条件就是要让你成为他的创业伙伴。

ADR公司（美国研究与发展公司）1957年对数控设备公司的投资，是风险投资的最初典范。数控设备公司是由4名麻省理工学院的学生建立的高科技公司，与其他新兴的公司一样，他们面临的最大难题就是资金短缺。在这样的情况下，ADR公司通过购入股票的方式，对数控设备公司进行投资，公司的冒险得到了很好的回报。ADR公司最初只对数控设备公司投入了不到7万美元的资本，占该公司当时股份的77%。14年后，这些股票的市场价值高达3.55亿美元，增长了50000倍。这次成功改写了投资历史，从此风险投资在美国及世界各地出现。它的出现，一方面为新兴高科技公司注入了启动资金，另一方面又为个人投资开辟了一条很好的途径。

风险投资的高额回报是产生这种投资的原动力。风险投资的特点是高投入、高回报，在几年的时间里，投资者就要见到效益，然后提前退出，由后来者接手。在国外，一般说来，投资者在3~4年后就退出。他们可以让下一个风险投资者接手，或者让其他公司收购，也可以直接让股票上市。风险投资的使命只是促进产权流动，在流动中实现利润。在这里，投资者提供了公司发展所需要的资金，经营者投入了自己的智慧和精力，双方共享所得到的回报。

风险投资是创造经济神话的“魔术之手”，是促进科技进步和生产力发展的巨大动力。它是“勇气、智慧和艰辛劳动创造财富”的最好证明。在这里我们给风险投资做两点总结：

（1）能顶着风头，把钱投向别人不敢投、不愿投的地方，然后享受勇气和智慧带来的回报，这样的公司是真正的大手笔公司。其实不管大生意、小生意，做生意的道理都是一样的，看似安全的投资方向，则必然已经人满为患了，一个后来者要想出人头地简直太难；危险的地方看似危险，但它只是客观条件的艰难，或者根本就只是因为人们的习惯思维才显得危险，在这里少了最危险的动物——人，这样就会时常在这里发现“幸运之神”。

（2）我国真正的风险投资还很少见，但风险投资在中国是势在必行的，不甘于老是按部就班地慢慢来，同时又有一定资本，更重要的是又有敏锐的目光、过人的胆识的你，当然要对这一充满前途的投资业有知识上和心理上的准备（当然还有资金上的准备），只有这样，你才有可能在风险投资在中国兴起后，创造硅谷冒险家创造过的“神话”。

单一扩张与多元扩张

企业在做大做强时，会面临着业务发展多元化和单元化选择的难题。其实，多元化发展能够较快扩大企业的业务量和规模，而事实上有很多企业在多元化发展中呈现出亏损现象，由于选错了发展体系，弄得得不偿失，最后还威胁到企业的生存与发展。

单一化发展有利于企业集中精力把自己的业务做深、做精、做大。企业集中全部的资金、精力和智慧，专攻某一领域，容易在市场上站稳脚跟，也容易积累经验，形成强大的竞争力。任天堂就是一个例子。

19 世纪末，流行于欧美的纸牌传入日本，数量很少，只有贵族才能玩。日本京都一个叫山内房治郎的人看准纸牌即将流行，开设了一家专门生产纸牌的作坊，取名任天堂。十几年后，山内的儿子继承了这家作坊。随着纸牌在日本的流行，任天堂竟然占据了日本纸牌市场的很大份额。

后来山内的孙子山内溥继承了任天堂的产业。这位年轻好玩的大学生上任时，很多人都在看他的笑话，等待任天堂的寿终正寝。但山内溥可能继承了先辈们经商的天性，居然认真地干了起来。他建立总公司，集制造和销售于一身，强化组织体制，不惜违背祖先定下的规矩，借钱办厂，把手工生产方式变成了现代的流水线生产。1953 年，他针对纸牌寿命比较短的缺陷，大量制造塑料纸牌，营业额大增。1955 年他与美国的迪斯尼企业合作，大量生产带有米老鼠、唐老鸭的卡通纸牌，而且压低售价，销售量的直线上升，全日本都用起了任天堂的纸牌。

但是好景不长，塑料纸牌尽管耐用，但其图形一直不变，对于那些好猎奇的欧美人来说，他们更愿意使用一次性纸牌。任天堂的商品大量滞销。而日本由于有许多新流行的娱乐方式，青年人已经远离了玩牌这种活动，玩牌已经成了平民生活的一种象征。任天堂的危机没有让山内溥失去信心，他仔细思考，感觉任天堂还是不能脱离娱乐这一行业。他把目光转向开发电子游戏，而且集中了全部资本和人力资源，这有点像赌博，但顽强而固执是日本企业的共性。1973 年，任天堂和三菱电机公司合作的液晶电子录像机推出市场后，扭转了公司业务下滑的趋势。不久，任天堂继续向电子游戏业发动进攻，推出了 6 种可供选择的家用彩色电子游戏机，之后每年都推出新型电子游戏机，并提供各种游戏软件。任天堂旋风席卷了整个日本企业界，员工也士气大振。

20 世纪 80 年代，永不满足的山内溥决定继续向游戏进军。当时，日本和美国的几家企业推出了电脑游戏机，售价都在几万日元，销量不大。任天堂经过大量投入和艰苦的科研，终于研究出成本低，但功能却比美国家用电脑游戏机更好的产品，终于使美国人败北，退出了电脑游戏市场。从此，任天堂获得了在电脑游戏领域的霸主地位，成为电子游戏的名称，产品畅销世界各地，可以说世界上只要有电子游戏的地方，就有任天堂。即使这样，任天堂仍然不放弃它赖以发家的纸牌。

单一化发展固然有很多的优点，但很多企业原来的主业竞争加剧，价格下降，利润锐减，如果坚持单元化则限制了企业的发展规模和速度，企业经常会有发展越来越难的感觉。另外，一旦市场的消费取向发生改变，企业就得转型，相对于多元化经营的企业来说，这类企业转型要困难得多。

多元化经营可以避免企业风险。俗话说船小好掉头，船大尽管不容易掉头，但也不容易沉没。企业经营的范围越广，它承受市场冲击的能力也越大。多元化经营的另外一个好处是可以大量培养各方面的人才，有利于企业的成长。这种扩张方式的弊病主要是需要大规模的资金，摊子铺得大，难免资金紧张，一旦周转不灵，企业就会陷入困境。同时，企业触角伸得越远，面临的未知领域也越多，陷入盲点的可能性也越大。有鉴于此，许多大的企业集团普遍采取一业为主，多方经营的方式。韩国的现代集团坚持的就是这种经营理念。

现代集团是韩国最大的企业集团，它是创办人郑周永从无到有，一点一点建立起来的。1937 年，郑周永用辛苦打工积蓄的钱独资开办一家粮食店，生意尚好，但由于日本殖民者实行粮米控制，他的粮食店只好关闭。后来，郑周永买下一家汽车修配厂，这成为他发迹的基础。20 世纪 50 年代初，朝鲜战争爆发，美军的军用汽车需要大量修理，郑周永的汽车修理厂开始大赚。1958 年，韩国政府宣布建立汉江人行桥，现代集团一举夺标，这是现代集团在韩国统治地位的开始。

如果现代集团的决策者只满足在建筑界打拼，现代集团可能不会有今天的规模，因为韩国的国内市场狭小，而海外市场又因为中国等国家的建筑企业竞争，利润逐渐减少。郑周永认为建筑业只有承包到工程才有生命力，否则,企业就经营不下去,甚至有倒闭的危险。为了进一步拓展企业的生存空间，现代集团还在建筑业非常景气的时候，就准备进军其他领域。

造船业成为现代集团的突破口。造船业是技术密集与劳动密集相结合的产业，当时日本的造船业几乎形成了对世界造船业的垄断。郑周永在一无资本，二无技术的条件下，在韩国兴建具有世界水平的造船厂。郑周永首先向日本金融集团借钱，对其他国家有强烈戒心的日本人害怕韩国造船业的兴起，拒绝了郑周永的贷款要求。后来，现代集团得到了英国金融集团的支持，但现代集团必须拿出造船订单，为此郑周永只好以低于世界价格16%的条件与希腊船王奥拉西斯签定了造两艘26万吨级船舶的合同。

郑周永一边建造船厂，一边搞设计，结果这个船厂仅仅用了两年时间就建成了，与此同时，两艘巨轮也随之下水。

20世纪70年代，世界航运业开始走向低迷，现代集团为了开辟新领域，又走向汽车业。郑周永认为汽车业将是个有前途的行业，早在1968年就创建了现代汽车公司，但当时还不能生产汽车，只能用零部件装配汽车。到1986年，现代汽车公司已经成为韩国最大的汽车制造商，每年的生产能力达到轿车416000台、大客车4000台、卡车20000台。现代汽车公司在国内有160个销售点，在国外有443个销售点，即使在有“汽车王国”之称的美国，也早已经成为美国国内汽车厂商的强有力竞争者。

从任天堂和现代集团的绝对利润来看，任天堂的投资方法略胜一筹，它的营业利润远远大于现代集团；从企业的知名度和抵御市场风险来看，现代集团根基更稳固。

从这可以看出，企业的扩张方式其实不是一件重要的事情，关键是根据市场的变化，作出正确的判断，形成正确的想法，然后采取果断的行动，无论是任天堂，还是现代集团，都是成功的典范。

实施收购和兼并的手段

随着公司规模的不断扩大和实力的增强，越来越多的公司具备了通过收购兼并进行扩张的实力基础。另一方面，市场竞争和优胜劣汰使得通过收购兼并实现行业整合成为必要。因此收购和兼并正日益成为公司做大做强和持续发展的重要手段。

思科系统公司的成长历史就是不断收购的历史，思科公司发展到今天的规模是通过收购、收购、再收购来实现的。有一次，英特尔公司的CEO安迪·葛罗夫到思科公司，他向思科的一群员工提了个问题："你们当中有多少人是因为收购来到思科的？"结果，30%的人举起了手。

网络经济的发展推动了思科系统公司的成长。针对市场需求，思科系统公司把战略转向了客户，为服务供应商、大型企业、中小型企业提供终端到终端的网络系统、解决方案或联网支持。但是作为一家新兴公司，思科没有像硅谷传统的企业那样耗费巨资建立自己的研发队伍，什么都由自己开发，而是把整个硅谷当做自己的实验室，采取的策略就是用引进面向未来的技术人员开发人员新产品，以填补自己未来产品框架内的空白。

三九集团兼并四川雅安制药厂，是因为雅安制药厂有产品和人才队伍，可以节省自主开发的成本和时间，又避免了开发失败的风险，短时间内能够取得稳定的投资回报。对于雅安制药厂而言，则是依托优势企业，获得资金、信誉、品牌的支持，彻底改变了企业形象，使劣势企业向优势企业转化。三九集团兼并雅安制药厂体现了优势互补，从而产生了1+1>2的效应。

花旗集团收购AFS（协富第一资本公司）主要是看中了AFS海外业务，AFS海外业务占总收入的1/4，收购AFS可以使花旗集团的业务发展到海外，增加在海外市场上的竞争力。另外，收购AFS还能增强花旗集团的消费信贷业务，特别是信用卡业务，可实现集团多样化经营，分散经营风险。收购AFS还可以节约成本，有利于集团以更好的管理方式顺利进行整合，使AFS以全新的面貌出现在世人面前。

没有哪个企业不渴望成长，而不断的收购实现资源整合可能是企业成长的一条捷径，思科和三九集团就是很好的例子。但是如果不顾企业实力盲目地搞收购扩张，结果可能使企业倒在收购扩张路上。所以，在收购或兼并前要思考下面几个问题：

（1）如何进行收购或兼并才能达到帮助企业快速发展的目的呢？我们知道收购和兼并做得不好会使企业背上包袱，不仅不能促进企业的发展，提高企业的赢利，反而还有可能拖累企业。

（2）什么样的收购或兼并才能够促进企业的发展，为企业创造出 1+1>2 的价值？

（3）企业应当如何选择收购或兼并的对象？如何评估其投资价值？如何确定其合理价格区间？如何在购并后对企业实行有效的整合？民营企业在收购或兼并时，还应当注意包括收购或兼并国有资产时相关的政策、法律和规定等重要问题。

因此，掌握进行有效的并购的知识和方法，或者组建一个临时的专家顾问小组，对于企业的发展有着重要意义。

避免掉进合资陷阱

美孚石油公司创始人约翰·洛克菲勒曾说："坚强有力的同伴是事业成功的基石，不论哪种行业，你的伙伴既可把事业推向更高峰，也可能导致集团分裂。"

2007 年 1 月 7 日，中央电视台焦点访谈有这样报道：德国 FAG 轴承公司与西北轴承股份有限公司（以下简称西轴）组建合资公司——富安捷铁路轴承有限公司。通过合资—控股—独资的"三步走"策略，该合资公司的技术、品牌、市场最终全部被德方控制。

西轴地处宁夏银川市，是一家大型国有骨干企业，是铁道部批准生产铁路轴承的厂家之一，年生产铁路轴承 20 万套，全年现金收入近 2 亿元，占当时全年现金收入的 40% 以上，产品占全国铁路轴承市场的 25%，在行业内具有举足轻重的地位。

FAG 公司是世界第三大轴承公司，德国最大的轴承公司。过去 20 多年来，FAG 公司一直直接或间接参与中国铁路轴承的研究开发工作。

受资金困扰的西轴与正在中国寻找最佳合作伙伴的FAG公司接上了头，“借助于FAG公司的先进技术、科学管理和知名品牌，嫁接于西轴的精华部分——铁路轴承，让它发展壮大，带动西轴跻身于全国乃至世界轴承行业前列”成为双方合资的初衷。但是，在谈判中德方的条件相当苛刻。西轴总经理李福清说，德方提出必须要最好的产品，最好的市场，包袱都甩给中方，还必须控股，董事长、总经理要由德方担任，中方只能任副职。2001年，本着“市场换技术”的意图，西轴与德国FAG公司合资，合资公司中，中方占股份49%，德方占51%。中方以土地、厂房、设备、品牌、市场及生产资质入股，德方出资852万欧元。

合资公司投入运行，但人们很快就发现，FAG公司前两年并没有进行技术改造和有效管理，同时还架空了中方管理人员。自从合资以后，西轴未尝到一丝甜蜜，却不断吞咽苦果：连续两年亏损千万元以上，按合资比例，西轴亏损近1000万元。2005年5月，合资公司聘用的职工劳动合同期满，裁员250人，西轴全部接收了裁员。

连续两年亏损后，中方没有资金继续增加投资。这时，德方立即出资买下中方原来的49%股份，合资公司变成独资公司——富安捷公司，其产品迅速通过了美国和英国认证，开发了国际市场，生产检验技术得到提升，原来的亏损也变成了赢利。中方则丧失了品牌、市场、生产资质等多年打拼的成果。

据了解，像西轴这样的情况在全国并不鲜见，在有些地方已经成了外商吞并中资公司的一种套路。

PART

第三章

3

战略管理——赢利的前提

制定一个清晰的战略

台湾集成电路公司创始人张忠谋曾说过："领导人最重要的任务就是想未来、规划未来，董事长应该花 75% 的时间想未来，总经理应该花 50% 的时间想，副总经理应该花 25% 的时间想。领导人应该不断给经理出问题，逼他们想公司的未来。"

不管是大企业、中型企业还是小企业，都面临一个战略问题：如果说昨天的企业能够通过"摸着石头过河"，依靠老板的自我摸索逐渐从蝌蚪变成青蛙的话，今天的企业肯定不行了，时间不允许，机会也不存在了。

企业要发展，必须要有清晰的、专注的战略，不能盲目地向前冲。

很多企业赚到了钱以后，战略就模糊了，这必然导致企业内部的复杂和模糊。

可见，管理者在带领企业前进的时候，对战略的描述一定要很清晰，该做什么，不该做什么，现在擅长做什么，清清楚楚地告诉员工，这样员工都知道该做什么，擅长做什么，现在不应该做什么，今后可能应该做什么。

超越"不可能"的目标

有时，当你朝着那些看似不可能的目标不懈努力，往往会如愿以偿。

也许，你最后没有实现这一目标，但会发现，最终的结果肯定远比你预想的要好得多。

韦尔奇有一个习惯，当下属向他汇报下一年度工作指标的时候，他会告诉对方：把你的目标乘以2，然后去做吧。

追求“不可能”的目标，对企业而言是极具深远意义的，它将促使员工工作更加努力，企业更加卓尔不凡。

从福特汽车公司的事例中就能清楚地看到这点。亨利·福特为了使汽车具有更好的性能，决定生产一种8缸发动机。这在当时几乎是不可能的。但是，亨利·福特却决心要工程师们实现这个“不可能”的目标。不管工程师以怎样的理由反对，亨利·福特坚持：“无论如何也要生产这种发动机，去做，直到你们成功为止，不管需要多长时间。”在这一不可能的目标的激励下，全体员工只能将全部智慧和精力投入到了8缸发动机的研发中去。一年过去了，工程师告诉亨利·福特：“还有很多关键的问题没有解决。”亨利·福特仍然坚持：“继续去做，我们一定要制造出这种发动机，这是我们的目标。”最终，工程师们找到了诀窍，成功地制造出了8缸发动机。不仅如此，员工在这种不断追求高目标的过程中，还形成了一种不断进取、克服困难的精神。正如摩托罗拉公司创始人高尔文所说：“有时我们必须凭信念来采取行动，这种信念就是，一些重要的事情虽然不可证实，却可以做到。”

人的潜能是无比巨大的，有时候人们自己也不知道自己到底拥有多大的潜能，能实现多高的目标。所以，只有当人们去完成那种“不可能”的目标时，他们的潜能才能被充分发挥出来，而这个“不可能”的目标，通常也会被实现。因此，作为领导者，应该制定卓越的目标来挖掘员工最大的潜能，以实现公司业绩的迅速增长。

当然，有些“不可能”的目标，的确很难实现。但是，就算目标没有实现，也应该看到，结果也比以往低目标时要好得多。而且员工也在实现这一目标的过程中，学到了很多很有用的东西，自身能力得到了很大的提高。所以，衡量员工的标准，并不应该是是否实现了目标，而是与上一次成绩相比的结果，在排除环境变量的情况下是否有明显的进步。当员工遭受挫折时，应以肯定的态度来鼓励他们，而不是因目标未实现而惩罚他们，否则，员工就会失去积极性，高目标激励也就没有任何意义了。要记住，制定“不可能”的目标，只能是一种激励手段，而非考核的标准。

新业务领域选择与战略

是不是需要开辟新业务？是应该开辟这个新业务呢，还是应该开辟那个新业务？如何才能够成功地进入新业务呢？这些问题是公司总经理在公司发展进程中常常会遇到的问题。

随着公司规模的扩大、市场接触面的拓展、竞争的加剧，公司总经理将越来越多地面临这类问题。而正确地回答这些问题，是公司保持持续稳定发展、不断做大做强的一个关键。

总经理需要清醒地认识到，在自由竞争的市场环境中，公司要想在任何一个行业取得成功，都必须建立强有力的竞争地位，而竞争优势的确立只能依靠公司的资源和能力。因此，公司要想在进入新业务领域过程中少走弯路，必须高度重视以下三方面的问题。

1. 下大力气做强主业

格兰仕公司将自己定位于微波炉的全球生产车间，公司利用区位优势和规模经济，将微波炉的价格由1600多元降到400元左右，实现了年产1200万台的市场规模，从而在微波炉行业建立了强大的竞争优势。在此基础上，公司投资20亿元进入空调器行业，凭借在微波炉行业形成的品牌声誉和生产、销售经验，公司在空调器行业脱颖而出，成为极富发展潜力的竞争者。

2. 有选择地进入少数行业

通用电器公司有一个“数一数二”原则，对公司业务中不能达到“数一数二”水平的产品坚决予以分拆出售。这是保持通用电器公司竞争优势和良好业绩的明智之举。

3. 要确保原有业务和新业务之间的资源共享

进入新的业务领域不仅需要投入大量的资金，更为重要的是需要提供技术、制造、销售渠道和管理能力等方面强有力的支持。因此，公司现有业务有没有形成竞争优势以及这种竞争优势能否有效地延展到新的业务领域，是决定新业务能否顺利发展的关键。

处理好发展与循序渐进的关系

在企业的发展过程中，有很多的资源是可以巧妙地组合在一起的。适当的组合，不仅能为企业的发展拓宽道路，还能牢固企业的根基。

跨越发展是许多公司梦寐以求的，也被很多公司作为战略指导思想载入公司规划中。跨越发展具有很多优点，其根本意义在于，借助跨越发展可以摆脱困境，在“重新洗牌”中获得优势竞争地位。因此，在有新的技术、产业和市场机会的条件下，公司要争取抓住机遇，实现跨越发展。但同时也应注意到，跨越发展是有条件的。

跨越发展不仅对公司技术能力的把握和控制新市场的能力提出了较高的

要求，而且往往需要广泛的配套条件的支持。例如，高清数字彩电是新型彩电，生产这一新型产品不仅要有很强的技术开发能力，而且要有数字信号发射系统的支撑。公司需要审时度势，一方面紧盯事态变化，及时跨越而不要落伍；另一方面，又要从当前着手，循序渐进，改进现有产品，进行技术积累，为跨越发展做好准备。

无原则的扩张只会收获恶果

很多初创型的企业都会面临生存和发展的问题。有的企业希望在创业初期就能迅速地做大做强。其实，这种想法是不对的。一个企业要想生存，必须先做好，而后才是做大。

正泰集团总裁南存辉当初还是一个小鞋匠时，他父亲就用“千脚的蜈蚣只能走一步路”这个朴素的道理教导他，做事要踏踏实实。南存辉创业成功后，也用这个朴实的道理解决了专业化和多元化的道路孰优孰劣的问题。南存辉始终坚持：不熟悉的不做；行业跨度太大，没有优势的不做；要多元化，也是同心多元化。他提出了“烧开水”理论：“在企业快速发展阶段，有非常多的行业让你选择，找上门来的各行业合作伙伴踏破了门槛。这样很容易导致决策的随意性。做企业好比烧开水，你把这壶水烧到 99 摄氏度，只差 1 摄氏度就开了，突然你心血来潮觉得那壶水更好，把这边搁下不烧了，而跑到那边另起炉灶，新的一壶水还没烧开，原来那壶水也凉了。”

有些企业经常把经营不利的局面，归咎于产品品种太少，因此把市场营销方案建立在不断增加产品品种上，殊不知，这样对一个中小企业来说无异于一颗定时炸弹。品种过多，不仅大大增加了产品库存压力，挤占了有限的资源，而且使得自己不能在任何一个品种上突出并占据优势。

此外，为消费者提供多种选择，又容易产生两个问题：

（1）消费者可能会问，我买哪种合适呢？

（2）品种繁多，消费者想要的某种品种脱销的可能性就越大，不仅造成顾客流失，而且造成某种假象，使产品进一步陷入恶性循环当中。

很多中小企业意识不到这一点，盲目地多元化，结果带来优势资源的分化，导致企业的竞争优势的快速瓦解，失去了生命力。这正是国内的中小企业“各领风骚两三年”独特现象的根本原因。

还有一些中小企业甚至是刚刚创立的企业，给自己定的口号就是“做大做强，做成多元化经营的集团性质的企业”。事实上，当企业发展到一定地步的时候，多元化是一种必然趋势，但决不能盲目地多元化，即使那些超大型企业也应该在有限的多元化上追求专业化。因为只有这样，企业才能具有持久的竞争优势，才能走得更远。

成熟行业要规避的战略隐患

经营企业一定要有思路。有了思路才能让企业走得更远、经营更长久，不然，就会留下很多安全隐患。为了让企业健康地发展，不妨提前规避风险。

那么，在企业成长的道路上，管理者需要注意哪些方面呢？

1. 感觉的陷阱

成熟行业中的企业会逐渐形成对其自身及其相应潜力的感觉或形象，这些感觉和形象会在形成其战略基础的假设中反映出来。随着过渡的进展，买主的调整，以及竞争对手对新的行业状况的反应，这些自我感觉也许会使企业对行业、竞争者、买主和供应商的假设无效。然而，要改变这些建立在过去的实际经验基础上的假设，有时也是一种困难的过程。

2. 现金隐患

一个成熟的、增长缓慢的行业内，一些足以证实投入新现金是为了建立市场占有率所需要的假设常常是带有冒险性的。由于现金流入量的现值是以现金流出量为保证的，所以行业成熟中增加利润或维持足以补偿现金投资利润的做法行不通。因此，处于成熟阶段中的企业可能在现金方面存在隐患。

3. 为了短期利润而放弃市场占有率

在利润压力下，对有些企业来说，似乎存在着一种试图维持不久前的赢利能力的趋势，然而，这是在损害市场占有率的情况下，通过市场营销、研究与发展，以及其他必要的投资来实现的，这种做法又反过来损害未来的市场地位。在成熟的行业内，如果规模经济具有重大意义的话，那么在过渡时期中不乐意去接受那些较低的利润的做法就可能是严重的目光短浅。当行业比较成熟时，必然会出现一段较低利润的时期，对此要避免作出过度的反应。

4. 对行业惯例的不合理的反应

行业惯例的变化，诸如营销技术、生产方法，以及经销合同性质之类的变化，在过渡时期往往是不可避免的。它们对于行业的长期发展来说可能是重要的，但企业管理者往往对它们有心理障碍。

5. 过分强调创造性

成熟阶段往往意味着新产品和新应用是较难获得的。改变创造性活动的目标集中点，重视细小的调整往往是适当的。然而，这种发展并不能使某些企业感到满意，而却常常遭到抵制。

6. 生产能力过剩

由于生产能力超过需求的缘故，或是因为在成熟的行业内进行竞争所需的现代化，不可避免地导致生产能力的增长，某些企业具有一些过剩的生产能力。只要生产能力过剩存在，就会对企业造成一些微妙而又敏感的压力，迫使一些企业削减生产规模。

PART

第四章

4

采购管理——采购是获得的开始

采购要从总成本考虑

很多时候，你会发现，你的采购价格已经足够低了，但采购成本却一直居高不下，为什么呢？其实道理很简单，采购成本不仅仅包括采购价格。在采购专业领域中，采购总成本包括采购价格、物流成本、采购费用以及因间接操作程序、检验、质量保证、设备维护、重复劳动、后续作业和其他相关工序所产生的费用的总和。成功的采购并不能只是强调所采购物资的价格，而应重点关注采购的总成本。

某企业因工作需要紧急采购一辆汽车。在其他服务条款类似的情况下，供应商甲报价 20 万元，供应商乙报价 19.5 万元。从表面来看，企业自然应该选择供应商乙，因为同样品牌、同样配置、同样服务，自然是价低者胜。但企业最终选择了供应商甲，这是为什么？

因为采购员认为，尽管从常理判断，在产品质量、售后服务等方面相同情况下，自然应当选择价格最低的那家供应商。但是，供应商甲为本地的，供应商乙为外地的，且供应商乙并不提供车辆运送服务。如果选择了供应商乙，虽然从表面看节省了 5000 元，可是由于必须自己去提车，为此就要为这个选择多支付派出员工的正常工资、外出补贴以及将车从外地开到本地所需的油费等一系列费用，还有因派出员工的缺位而带来工作上的不便和车辆不能及时到位为工作带来的损失等全部加起来，并不是区区 5000 元所能解决的。所以，综合多方面因素后，采购员最终选择了供应商甲。

经济学中，有一种成本叫“机会成本”，是指任何决策都必须做出一定的选择，被舍弃掉的选项中的最高价值即是这次决策的机会成本。就像上述案例一样，如果采购员选择了供应商乙，由于提车所产生的出差补贴、油费等成本，就是这个决策所产生的机会成本。

因此，降低采购成本，要树立正确的成本观念，不能只将采购成本的概念局限于购买价格以及招标、评标的费用。很多时候，还要借用全寿命周期成本概念，将整个使用寿命周期中为保证物资处于正常使用状态所付出的成本，如材料耗费和维修成本等都涵盖到采购成本中来。

花 1 元买支只能用 2 天的笔，还不如花 5 元买支可以用上 1 个月的笔。很多时候，你会发现，在某些物资采购中，价格下降了，消耗却提升了，结果总成本不降反升。在这种情况下，可以尝试实行"效能计价"的招标方式。

效能计价包括两层含义：一是指在采购产品时，既不追求价格越低越好，也不追求质量越高越好，而是要寻求质量与价格的最佳组合；二是在招标时，只提出招标产品的使用条件和要求等，由投标方结合自己产品的性能、质量情况等，确定报价与使用寿命或单位消耗，并承诺承担相应的责任，如达不到承诺将减扣货款，采购方在综合测算价格与使用寿命后选择效益最佳的产品投标。这样将产品质量保证的责任与风险交给了投标方，既保证了采购价格的合理，促进了消耗的降低，又增强了投标方的质量责任。

从 2% 到 10%

假设一家企业花费总收入的 50% 用于采购物资，其销售利润率为 10%，也就是说，每销售 100 元，利润为 10 元，而物资成本是 50 元，其他开销 40 元。此外，假设所有的成本费用都随着销售变动，其损益情况如下：

销售：￥100

生产成本：采购￥50，其他￥40

税前利润：￥10

如果这家企业采取增加销售额的方法来提升利润，想多赚1元，相当于将利润率增加10%，即销售额必须增加到110元，采购以及其他开销则分别要提高至55元和44元，即

销售：￥110

生产成本：采购￥55，其他￥44

税前利润：￥11

如果这家企业采取降低采购成本的方法来提升利润，想多赚1元，只要将采购成本降低1元就能够实现，而销售额和其他开销可以保持不变，即

销售：￥100

生产成本：采购￥49，其他￥40

税前利润：￥11

从上面例子可以看出什么？采购成本降低2%与销售额增加10%对税前利润的影响是对等的。但是，增加销售额要多付出5倍于降低采购成本的努力，而且采购成本占总销售额比例越高，两者的对比也就越明显。

这实在是有点可怕！可能你会说，这只是一个假设而已。那么，我们来看看现实情况。据《全球供应链管理年鉴》统计，全球有70%的企业采购金额占销售收入达到了50%～70%。在许多企业中，采购成本占到了企业总成本的50%，甚至70%，低于20%的情况极少。从全世界范围来看，对于一个典型的企业来说，一般采购成本，即原材料和零部件等成本要占销售额的60%，工资和福利占20%，管理费用占15%，利润占5%。而对于中国企业，其采购成本甚至要占到销售收入的70%。如果还有疑问，可以算算在自己企业中采购成本到底占了销售额的多少。

如果采购成本占到总成本的50%，你只要节约8%，利润基线边际点就会增加4%，利润增长百分率将会是巨大的。数据表明，对于大多数企业来说，降低1%的采购成本，就意味着增加10%的利润。在飞利浦电气公司，采购成本下降2%可以增加利润12.1%；在EPC（工程总承包）工程中，

采购成本每下降 1%，工程总利润提高 10% ~ 20%。

大多数时候，人们通常是把采购看成是一个花钱的部门，只把销售看做是挣钱的部门。通用电气公司前 CEO 杰克 · 韦尔奇是这么说的："采购和销售是公司唯一能'挣钱'的部门，其他任何部门发生的都是管理费用！"供应商也代表着潜在成本的巨大资源，付出相对小的努力即可取得显著的成果。

套用财务杠杆的说法，采购成本俨然成为利润提升的最大杠杆！尤其是那些采购成本占销售收入比例越高的企业，采购成本对利润的贡献就越为明显。在企业管理的各个领域，从没有一个领域像采购一样具有如此大的潜在机会，而又如此地被管理者忽视。大多数企业管理者都没有意识到对采购的管理也意味着巨额利润，他们更热衷于开发客户，更热衷于终端管理，而认为采购管理是采购部门的份内事，不值得高层去关注。如果企业把大量的时间和精力用来控制不过占 40% 的管理费用和工资福利这部分成本，而忽略了其主体部分——采购成本，往往会事倍功半，收效甚微。

现在，你还只是把采购当做是一个"花钱"的部门吗？更为明智的做法，应该像著名的上市公司 ASP 电气公司那样把采购活动当成"利润中心"来经营，正如公司总经理所说的："提升采购管理水平和采购在公司的地位，已经成为和竞争对手对抗的秘密武器。"不论是松下、通用汽车等老牌企业，还是戴尔、惠普等新兴企业，都打造了强大的采购部门和完善的采购制度，目的就是把采购部门也打造成一个利润中心。

集中采购的规模效应

海尔集团实行"四大"集中采购策略，即"大订单、大客户、大市场和大资源"，光是通过对钢板、化工原料、电子零部件等大宗原材料实行集中采购，就为公司节省成本达到 20%～30%。

一家大型房地产开发商，之前采购权分散到项目部甚至项目经理一级，因此每批的进货数量都不大。后来，在原材料不断上涨的压力之下，果断执行集中采购策略，然后根据各工程的需要统一调配，一年之内节约成本 4000 多万元。

很多时候，同样的供应商，同样的材料，不同的企业所得到的最终价格也是不一样的，有些价格差异甚至达到了 20%。为什么会出现这样的情况？除了与供应商的关系、采购单位的议价能力，采购规模绝对是主要的影响价格的因素。作为中小型的家电零售企业，其家电采购价格肯定要比国美、苏宁等要高许多，因为人家的采购量摆在那，自然会得到厂家的更多实惠。

当然，要做到集中采购也不是一件容易的事，有时不仅仅靠采购部门就能完成的，而需要多个部门联合行动。海尔集团不但生产洗衣机，还生产空调、冰箱等，其产品线很广。起初，由于各个产品的生产工艺不一样，不同的产品生产事业部都是各自采购，相互之间并没有什么联系。后来，为了降低采购成本，海尔集团决定对于一些不同产品之间通用的零部件实行集中采购。比如电缆，多种产品都需要用到，海尔集团就组织采购部门和产品设计部门通力合作，对空调、洗衣机、冰箱等产品所用的电缆进行了统一的设计，能够标准化的标准化，能采用通用件的尽量使用通用件。通过这些措施，海尔集团所采购的电缆由原来的几百种减少为十几种，采购种类减少，从而顺理成章地实现了集中采购。

可能你会说，人家海尔集团是一个大型企业，其采购规模自然比较大。而我们作为中小企业，哪有那么大的采购规模啊？的确，在采购价格问题上，中小企业确实处于被动的地位，一个中小企业一年的采购量可能还不到海尔集团的 1%。但这并不意味着中小企业在控制采购成本上就无路可走。你听说过最近流行的“团购”吗？比如买房、买车，单个消费者与开发商、汽车销售商谈判通常是处于劣势，无法享受到满意的价格优惠。于是，一些消费者就自主联合起来，以团购的方式共同参与交易谈判，从而享受到更多的实惠。同样，企业之间的联合采购也不失为一种降低成本的方法。中小企业如果在原材料采购上联合起来，就可以增加防范风险的能力。一来多家企业联合采购，集小订单成大订单，增强集体的谈判实力，获取采购规模优势；二来联合采购的对象是原材料生产企业，这样可以摆脱代理商，通过直接与制造商交易，减少中间环节，大大降低成本。

事实上，集中采购不仅能享受到更为优惠的采购价格，而且对于采购管理费用的降低也是大有影响的。根据不完全统计，集中采购的管理费用支出可以比分散采购的节约10%以上。

采购要从源头来

一方面，物价上涨，农产品价格不断提高，百姓为生活成本的提高暗暗叫苦；另一方面，农村壮劳力不断涌向城里，宁可忍受打工的艰辛与寂寞，也不愿再守着“一亩三分地”。难道是现在的农民实在太向往城市的生活了？

当然不是。谁不留恋生养自己的土地，谁不愿意与家人共享欢聚的时光？要不是在那黑土地、黄土地上实在“刨”不出多少钱，没有人会愿意背井离乡。虽然农产品价格提高了，可是种子贵了，化肥涨了，算算一年下来面朝黄土背朝天也没剩下几个钱。

那利润哪里去了？农产品价格的提升可是有目共睹的，更何况，在中央的支持下，农业税收也免了。从进价和销价比来分析，只要够勤快，农民应该也是足够富有的。问题是，真正的利润并没有落入农民的口袋，而是被“从产到销”中间的各个环节给挣走了。在农村，从地里生产出来的豆子，可能1公斤不到2元，可在经过物流商、批发商、零售商后，流向消费者的豆子就变成 1 公斤 6 元了。

这么算下来，农产品的进销差价比竟然达到了 200%。任何一个企业，要有如此高的毛利润，相信谁都会躲着偷笑。那好，看看自己的企业，你的采购来源于哪里？是地里，还是批发商，甚至是零售商？

直接到地里买土豆，仅仅只是降低采购成本吗？当然不是。2008 年，可谓是国产奶粉的灾难年，“三聚氰胺”这个名词也迅速传遍中国大地，三鹿集团因此倒闭，即使是奶业巨头蒙牛、伊利也受到重创。虽然与此相关的责任人已经受到法律的惩处，但却给企业敲响了一个警钟：忽略采购源头的质量管理是要不得的。

1958 年，玉溪卷烟厂的工人们在土坯围砌的厂房中，用热水喷烟叶、铁锅炒烟丝、木炭烘烟支、手工包装，生产出中国第一包“红塔山”。然而，现在的红塔山，已经被誉为“烟草行业的标志性品牌”。在这荣誉的背后，“烟田是第一车间”的发展战略可谓功不可没。正是在“第一车间”这个理念的指引下，红塔山才有了优质的原料支撑，才得以迅速地发展壮大。

那么，在你的企业里，“第一车间”又在哪里？

找到原材料的替代品

目前，空调行业广泛使用铜铝复合管，节铜率高达 80% 以上，使用 1 吨铜铝复合管可节约 850 公斤铜，每台空调因此降低成本 120 ~ 150 元，同时能效比提高了 5%。要知道，随着原材料和劳动力成本的不断上涨，在使用这种替代材料前，生产一台空调的利润甚至还不到 100 元。

原材料价格的不断增长，使得原材料成本在销售额中所占比例越来越高。在原有原材料成本无法压缩的情况下，在确保产品质量不降低的前提下，选用价格较低的替代原材料也是降低成本的有效途径。现在，使用替代材料已经是包括家电行业在内的很多制造业应对钢铁、有色金属涨价的重要手段之一。比如滚筒洗衣机外壳大量采用冷轧钢板磷化喷粉，双筒洗衣机采用全塑机型，微波炉炉腔用冷轧钢板替代不锈钢板，部分冰箱背板采用其他材料替代镀锌板等。另外，一些耗铜量较多的变压器、散热器、电缆、管道等行业也在开始寻找其他替代材料以降低生产成本。

替代材料不仅能减少成本，而且在某些情况下甚至还可以提高产品质量。例如，某光电组件公司要为工人提供一种可在装配线上使用的照明箱，如果用金属做成的，花费 30 元。当公司转而用塑料箱时，只需花费 6 元，而且设备变得更轻，使用和安装更方便。最重要的是，客户将其视为更好的产品。

开发替代材料，首先需要从技术上挖掘。技术人员不能只把精力放在研究企业未来新的经济增长点的产品上，也要投入精力从事现有产品的技术改进，因为它能给企业马上带来显著效益。要知道，产品并不是性能越高越好，而是越适用越好，没有必要追求所有性能的高指标，造成高成本、高性能的浪费。

必须注意的是，开发替代材料不能只考虑到成本的降低，还必须充分考虑到替代材料对产品整体性能的影响。如果替代材料的使用是以牺牲产品质量为前提的话，即使成本节约得再多，也不能为企业带来经济效益，因为牺牲了产品质量就等于牺牲了市场，牺牲了客户。因此，开发替代材料时，应该比照产品质量与成本的关系，并进行科学分析，从中求得质量与降低成本的统一，达到降低产品成本的目的。

供应商不是越老越好

要让一个并不信服你的人听你的话，有一个方法就是抓住他的把柄，就掌握他的“命门”了。

那好，反过来想想，如果一个企业的物资供应基本取决甚至完全取决于某一家供应商，那你的“命门”是不是完全操纵在他的手中了？一旦他掌握了你的“命门”，一旦他要挟涨价，你是不是基本无计可施？

这是不是很可怕的一件事？那么，赶紧把你的“命门”隐藏起来，千万不要做一个让人随意操纵的“傀儡”。其实，历史上许多的“傀儡”皇帝，都是因为“命门”被手下的某个奸臣或某个利益集团所掌控了。而那些地位稳固、有所作为的皇帝，没有一个不是善于驾驭权术的好手，他们懂得平衡各个利益集团的权力，而不会让哪个利益集团大权独揽。

回头看看，自己的企业有几家供应商？哪个供应商可能掌握了你的“命门”？下达命令，让采购部门开发新的供应商，永不停止地开发。不要以为开发新供应商的成本巨大，采购部的经费是干嘛用的？难道就是和那些现有的供应商天天坐着聊天喝茶？没有竞争的采购成本才更为可怕。想想微软公司的电脑操作系统价格为什么总是居高不下，想想诸如中国移动、中国石油之类的垄断企业为什么每年总能获取高额利润，你就会明白了。

那些跨国公司，即使你的产品质量再好，你的价格再有优势，你的服务再为完善，它们也不会把“宝”完全押在你的身上。它们宁可暂时多支出一些采购成本，也不会让你“大权独揽”，否则，一旦你羽翼丰满了，它们不就任你宰割了吗？

要开发多少家供应商才合适？这没有一个具体的标准。一般来说，主要商品或材料，最少要有 5 家供应商；一般性商品材料，起码也应有 2 家或 2 家以上的供应商。这种做法,目的除了避免某家供应商大权独揽,掌握你的“命门”之外，也能让他们时刻保持竞争。

即使有了稳定的相互平衡、相互制约的供应商，你也不能有安全感，万一他们结成联盟怎么办？不能停止开发新供应商的脚步，每年至少增加或更换 1 家供应商，对供应商重新洗牌，让他们时刻保持危机感，始终有竞争。供应商的开发与管理应该是动态的，比较理想的状态是采用“鲶鱼效应”，不断开发新的、更有竞争力的供货商，让它像鲶鱼激活沙丁鱼一样，在供货商之间营造彼此竞争的氛围。福特汽车公司的采购经理把开发新供应商当成自己每年的常规工作。每次招标都要求有新面孔出现，主要商品、材料的供应商至少有 3 家，而且每年应至少再发展 1 家。这么做是为了营造供应商之间的竞争局面，保证供货质量和降低采购成本。

PART

第五章

5

市场管理——在市场上占有一席之地

第一永远与其他位置不一样

为中国赢得第一枚奥运金牌的是许海峰，第二枚呢？不知道。

中国第一个登上太空的人是杨利伟，第二个呢？不知道。

第一个横渡大西洋的那个人叫林白，第二个呢？不知道。

第一个飞跃黄河的人是柯受良，第二个呢？不知道。

世界上最高的山峰是珠穆朗玛峰，第二高呢？不知道。

全世界第一个登上月球的人是阿姆斯特朗，那15分钟后第二个登上月球的人是谁？不知道。

为什么人们更多的只能记住第一，而记不住第第第四……这就是人的思维模式，也就是第一的力量。原因很简单，人们心目中只会认为第一才是真正好。

事实上，无论是在自然界、生物界，还是在人类社会环境当中，第一与第第三绝不简简单单地只是一和三的差距。从某种意义上来讲，第一就是在天上，第第三和其他的只是在地上，这是天壤之别的差距。

第一代表着唯一，具有排他性。人的思想里早就认同了“第一就是最好”的理念。要不然，为什么众多的武侠小说里总是有那么多人为了争天下第一拼个你死我活，为什么“宁为鸡头、不为凤尾”的观念总是影响着那么多求职者、创业者的选择。

消费者在购买商品时，总是会“货比三家”。这个“货比三家”究竟比的是什么呢？是比谁家价格便宜吗？肯定不是，否则的话什么东西便宜，什么东西就卖得好；是比谁的价格贵吗？也不是，贵的东西销量不一定大；那难道是在比质量好吗？还是不是，各种各样的商品都有人买。这也不是，那

也不是，那究竟是在比什么？

其实，比来比去，比的就是在自己现有条件下所能接受的最好的东西，也就是选择适合自己的最好的东西。你便宜，但可能品质还不足以满足我的要求；你品质好，可是价格太高了我承受不起。消费者只会选择自己认为最好的商品，而不存在哪个消费者明明看到第一好，却去买第二好的商品。只是，这个第一好、第二好不是由企业或商品说了算，而是由消费者说了算。

在这种"选择第一"的消费心理的影响下，到最终只有第一才能生存下去，即使你是第二，也仍然会被淘汰。可能你会觉得这是悖论，因为现实生活中那么多的第二、第三，甚至第九、第十不是照样好好的地生存吗？

是的，没错，第二、第三等都能生存。不过，请首先理解这个"第一"的概念。这个第一不是指规模第一，不是指企业资产排行第一，而是指基于消费者的某种需求，在某个领域内成为真正的第一。

老大不是绝对的，没有哪个企业敢说自己在所有方面都是第一。消费者千差万别，没有哪个企业有这个实力在所有消费者的心中都排行第一。你的产品质量是第一，你的价格也是第一，但我没那么多钱，对不起，我宁可选择符合我支付条件下的那个"第一"，比如性价比第一；安全性能上，你的产品第一，对不起，我买不起，我要买便宜的，那是我心目中的第一选择，因为它的价格最低；日本电器的性价比最高，不过在我心中售后服务更为重要，所以我要选择售后服务排第一的海尔产品。正是由于消费者需求方面存在各种各样的差异，从而在任何一个行业都细分出了大量的子领域，没有任何一个企业有足够的资源使自己能够在所有的子领域里面都成为第一。

因此，第一是在一个特定的领域内，而不是在一个大而泛的领域内。各个不同的领域都有各自的老大。在一个特定的、狭小的领域内成为第一，比在其他更为宽广的领域内成为第二更容易获得成功。这就是我们所说的"唯有第一才能生存"。

即使在现有的领域内你的产品无法成为第一，那么，没关系，不要灰心，你完全可以开发一个产品使自己成为第一。你可以在服务上创造第一，在时间上抢占第一，在附加价值上成为第一，在价格优势上成为第一，在创新速度上成为第一，在产品品质上成为第一，在历史优势上成为第一。就算不能成为世界第一全国第一，你还可以在当地成为全省第一，或者全市第一，全县第一……

在某个领域做到最好

世界著名物理学家丁肇中先生，在40岁时就获得了诺贝尔物理学奖。丁先生说："与物理无关的事情我从来不参与。"

投资大师巴菲特从11岁开始买第一支股票，即使到现在也没有改行的迹象。巴菲特肯定知道有很多赚钱的行业，但他没有去做，不管股市是牛市还是熊市，他都吊在这棵树上。

类似的例子有很多。为什么这些人能够取得成功？最大的原因就在于他们都拥有一种叫做"专注"的精神。如果一个人总是在做着一件事情时同时想着其他更多的事情，最终只会把大部分时间用在遐想、探索、选择和尝试中，因而无法集中精力和资源做好眼前该做的事情。

企业也一样，因为专注所以专业。只有抛弃急功近利的想法，精准于一个领域寻求突破，做专家型的企业，才会受到市场的肯定和青睐。有的企业做快餐成功了，就去搞酒店，搞旅游，哪来这么多的资源？延伸得太宽，产品慢慢会出现问题，最后连老本行都要出问题。

2001年，联想推行多元化发展战略，实施多元化战略的3年中，联想的发展并不尽如人意，与预期差距甚大。在3年的时间里，联想累计只完成了50%的销售增长，26%的利润增长，这份业绩在被称为"IT行业的春天"的那几年里算是很失败的。不仅新拓展的业务前景暗淡，其核心业务也面临来自戴尔等竞争对手的严峻挑战。直到 2004 年年底，联想决定收购 IBM 在全球的 PC（个人计算机）业务，从多元化重新回归到专业化，这才使联想集团的发展进入了一个崭新的阶段。杨元庆将联想的这种转型称之为“专注”。

古人云，十鸟在林，不如一鸟在手。市场，犹如一个充满着激烈竞争的原始丛林，既有凶猛的老虎、狮子，也有弱小的兔子、松鼠。只有选择专注战略，对自身“生存空间”给予准确的定位，力争垄断市场中的某一个小领域，从而获得经营资源上的相对优势，才可能有立足之地。有一家小制药公司，在一个由跨国公司占据领导地位的市场上，它并没有四处撒网，而是把力量集中在了眼科医师治疗病人的需要上，从而创立了自己的“生存空间”，并在这一领域内处于绝对领先的地位。

在互联网世界里，“网络游戏”、“短信平台”、“在线交友”纷纷强势登场，不少人捷足先登，赚得盆满钵满；不少人跟风而动，摔得头破血流。而百度一直只在做一件事：搜索，最终成为全球最大的中文搜索引擎。其创始人李彦宏说，不少人曾鼓动他向网络游戏、短信等领域涉足，但他并没有这样做。在他眼里，自己的公司，自己的领域还有很深的潜力可以挖掘，自己目前要做的只是将搜索这一个领域不断创新，在今后的若干年，百度也将只在搜索领域发展。

美国著名管理专家彼得·德鲁克曾指出：中小企业的成功依赖于它在一个小生态领域中的优先地位。在激烈的市场竞争中，实力处于弱势的中小企业要想避免被大企业吃掉，就要求企业对自身“生存空间”定位准确，力争垄断市场中的某一个小领域，从而获得经营资源上的相对优势。

细分市场有助于把握主市场

一家管理咨询公司的两个业务骨干几乎同时选择了自主创业。一个人为了增加客户来源，把服务对象定位于各个不同类型的企业；另一个人则根据自己的专长，专门为中小服装企业服务。过了两年时间，第一个人因创业失败而重新归入打工的行列，而第二个人则成为该地区服装企业最受欢迎的座上宾，生意蒸蒸日上。

对于同一个市场，同一类产品，看似相同的消费者，其价值取向却完全不同。没有一个企业能够吃下整个市场，满足所有的消费者。在中国，中央电视台是最大的电视台，不但实力雄厚，更有中央政府及政策方面的大力支持，但它同样不能占据所有的市场。甚至在不少领域，不如某些比它整体实力弱小的电视台。

很多经济学模型和经济学理论总是假设市场是静止的，可现实是市场时刻都在变化着，而且是在剧烈地变化着，市场的主角——消费者是千差万别的。一个企业不可能服务于所有的客户，那种企图服务所有客户的做法本身就是对客户不负责任的行为。如果一个行业内的企业都试图满足所有消费者的需求，那么用不了多久这个行业的产品就会趋于一致。如果一个企业试图满足所有消费者的需求，最终的结果只能是所有的消费者都不满意。如果总是把产品或者服务定位在尽可能适合所有人，那么，结果可能是对所有人都不适合。

假设在你面前摆着一块诱人的大蛋糕，可是有不少人的眼睛都在盯着它，谁也没办法一下子把这块大蛋糕全部吃掉。这时候，你会选择怎么做？聪明的办法就是把蛋糕切成若干块，选择自己最有把握那一块把它抢下来。在市场营销学中，这种做法通常被称为“市场细分”。

美国市场学家温德尔·史密斯（Wendel lR.Smith）在20世纪50年代提出：“从区别消费者的不同需求出发，根据消费者购买行为的差异性，把整体市场细分成两个或两个以上具有类似需求的消费者群。”说白了，市场细分就是把一个大市场切割成若干个小市场，而每个小市场中的客户一定要有相类似的消费需求、购买心态、消费模式、购买方式等。

客户的需求是不同的，不要企图同时满足所有的客户，而要选择性地将某一类别的客户归纳到自己的范畴内。不要试图将产品卖给所有消费者，而是应锁定自己的目标消费群的需求，极大化地满足目标消费群，对其他消费群的需求则可以置之不理。

企业拥有的资源是有限的，应该把企业所拥有的有限的资源发挥在更好地满足某一类客户的价值上。这样，在满足某一类客户需求的时候，企业就能拥有更加优势的能力，能够更好地满足客户的需求。

市场细分是战略的重要前提

企业要想吸引消费者做出购买决定，就必须在市场细分的过程中充分认识到消费者需求的差异性，并据此制定营销战略。目标市场营销理论认为，对市场进行差异化细分是现代企业营销成功的关键。只有对市场进行差异化细分，并据此选择目标市场，才能最终确定市场营销组合计划。

菲利浦·莫里斯公司于1970年买下了位于密尔沃基的米勒啤酒公司，并运用市场营销的技巧，使米勒公司在5年后上升为啤酒行业市场占有率的第二名。

原来的米勒公司，在全美啤酒行业中排名第七，市场占有率为4%，业绩平平。到 1983 年，菲利浦·莫里斯公司经营下的米勒公司在全美啤酒市场的占有率达到 21%，仅次于第一位的布什公司 (市场占有率为 34%)，这无疑是一个奇迹。

米勒公司之所以能创造奇迹，在于菲利浦·莫里斯公司在米勒公司运用了曾使“万宝路”香烟取得成功的营销技巧，就是市场细分策略。它由研究消费者的需要和欲望开始，将市场进行细分后，找到机会最好的细分市场，针对这一细分市场做大量广告促销。

米勒公司的实践，也使啤酒行业纠正了一个概念上的错误，即啤酒市场是同质市场，只要推出一种产品及一种包装，消费者就可以得到满足。

现实的情况是，消费者的需求和欲望日趋差异化，他们对同质的啤酒不再感兴趣。而在吸引消费者的购买欲望方面，米勒公司无疑是这方面的先行者。

在并入菲利浦·莫里斯公司之后，米勒公司采取的第一步行动是将原有的唯一产品“高生”牌啤酒重新定位，美其名为“啤酒中的香槟”。这一举措吸引了许多不常饮用啤酒的妇女及高收入者。市场调研的结果表明，占 30% 的独饮者大约消耗啤酒量的 80%。于是，米勒公司在广告中展示了石油钻井钻成功后两个人狂饮的镜头，还有年轻人在沙滩上开怀畅饮的镜头，塑造了一个“精力充沛的形象”。广告强调“有空就喝米勒”的理念，从而使米勒公司成功占据啤酒豪饮者市场 10 年之久。

米勒公司还通过发现消费者对啤酒量的需求差异寻找新的细分市场。怕身体发胖的妇女和年纪大的人觉得 12 盎司罐装啤酒的分量太多,一次喝不完，于是开发了一种 7 盎司的号称“小马力”的罐装啤酒，结果极为成功。

1975 年后，米勒公司又成功地推出一种名叫“Lite”的低热量啤酒。自 1990 年以来，虽然也有不少厂商生产低热量啤酒，但他们把销售点放在节食上，广告宣传说它是一种节食的饮料，销售效果很差，因为节食者中的大多数人原本不太喝啤酒结果导致低热量啤酒被误认为是一种带“娘娘腔”的东西。

米勒公司把“Lite”啤酒推销给那些真正的喝啤酒者，并强调这种啤酒喝多了不会发胀。广告上聘请著名运动员现身说法，说少了3%热量的“Lite”啤酒，喝多了不觉得发胀；包装上用男性雄伟的线条，使它看起来不是娘娘腔的东西，而像真正的啤酒。低热量啤酒从此销路大开。

除此之外，针对啤酒的高消费群，米勒公司还推出高质的超级王牌啤酒，与啤酒销量头号公司——布什公司展开对攻战，虽然定价很高，但却获得很大成功。米勒公司的成功还在于它向消费者灌输了这样一种概念：在特殊场合一定要用米勒超级王牌啤酒——“鲁文伯罗”招待好朋友。

米勒公司的成功就在于充分认识到了消费者需求的差异性，并在此基础上进行差异化市场细分。如果市场细分不能体现出消费者需求的差异性或多样性，例如把低热量啤酒的消费对象放在节食者身上，就很可能会适得其反，针对这一细分市场的啤酒很可能并不受消费者欢迎。

市场细分这一概念最初是由美国市场营销学家温德尔·史密斯于1956年提出来的，它是现代企业营销观念的一大进步，是顺应新的市场态势应运而生的，是现代社会消费者需求差异化和多样化的反映。

市场细分就是企业经营者通过营销调研，依据消费者的需求、购买行为和购买习惯等方面的明显的差异性，把某一产品的市场整体划分为若干个消费者群的市场过程。在这一过程中，每一个消费者群就是一个细分市场，或者说每一个细分市场都是由具有类似需求倾向的消费者构成的群体。

由此可见，分属不同细分市场的消费者对同一产品的需求与欲望存在着明显的差异，而属同一细分市场的消费者，他们的需要与欲望则极为相似，这就要求企业在进行市场细分时应充分考虑消费者需求的差异。

差异化市场细分能够帮助企业在充分认识消费者需求差异的基础上，选择适合企业自身条件的目标市场，使企业能在充分发挥资源优势的前提下，为消费者提供差异化的产品和服务。

专属概念的公众效应

提起沃尔沃，大家首先想到的是安全；

提起奔驰，大家首先想到的是奢华；

提起沃尔玛，大家首先想到的是平价。

那么，提起你的企业，你的品牌，大家首先想到的是什么？

成功的企业通常只拥有一个概念，并且这个概念在消费者的头脑中形成一种专属形象。这个专属概念就是你的产品和服务与竞争对手的最大区别，就是你的产品和服务在消费者头脑中最突出的特点。

很多企业总是喜欢尽全力挖掘产品的所有优点，并且把这些优点全部一股脑儿地灌输给消费者。优点越多，反而成了没有优点。你不可能每样都做得比竞争对手好。不切实际地承诺多个利益点，往往会使消费者觉得情感上受到欺骗，从而激起对过多利益点承诺的一种深层次逆反心理。

为什么要传达专属概念？看电视时，你最厌烦的是什么？是广告，是没完没了的广告。在这个信息爆炸的社会，消费者的头脑已经很难再容纳与自己关系不大的一点点的信息。要想消费者对你的信息留下印象，只有一个办法，那就是简单化，把你的信息削减到最简单然后再进入消费者的头脑。想想看，开着车在马路上，路边再大的广告牌，你能记住多少个字？

在广告界中，有一个非常著名的理论——USP（Unique Selling Proposition）理论，即独特的销售主张，这是罗素·瑞夫斯（Rosser Reeves）在20世纪50年代根据达彼思公司的广告实践首次提出的。USP理论的基本要点包括以下三方面：

一是说“一个主张”，强调产品具有哪些具体的特殊功效和能够给消费者提供哪些实际利益。

二是独特，这一主张必须是竞争对手做不到的或无法提供的，必须说出其独特之处，在品牌方面是独一无二的。

三是强而有力，这一主张必须是消费者很关注的，必须集中在某一个点上，具有足够力量吸引、感动消费者，达到促使消费者购买的目的。

无论你的产品功能和作用机理多么复杂，也不管市场需求多么繁多，集中诉求一个概念或一个方面的长处，往往要比你同时诉求两个、三个，甚至四个概念或长处更有威力。企图在有限的时间内把自身的全部优点都介绍给消费者，其结果只能是广告资源的大量浪费。相反，持之以恒地宣传自身最突出的特点，放弃其他优点的宣传，表面上看是浪费，实际上一旦这个优点留给消费者深刻印象之后，就会在消费者头脑中产生一种专属概念，那样你将受益无穷。沃尔沃在任何场合、任何广告中都一直在强调的只有两个字，就是“安全”。于是，安全就成了沃尔沃在消费者头脑中的专属概念。

拥有一个专属概念还能产生一种光环效应，消费者会自动赋予其他概念。比如，你说你生产的汽车“安全”，消费者就会认为你的这种汽车设计一定很合理，产品质量过硬；你诉求你的产品是“最贵”的，消费者就会认为你的产品是最好的、最豪华的、最有价值的，等等。

可能你的产品确实具有很多优点，只强调某一优点可能会失去关注另一优点的消费群体。即使这样也无妨，还是要遵循“专属”的法则，还是只能就一种产品向消费者传递一种专属概念。你可以把其他优点通过其他产品来体现，比如，宝洁旗下有不同的洗发水产品，每一种产品都只有一个诉求点：海飞丝——有效去头屑及防止头屑再生；飘柔——洗发护发二合一，令你的头发飘逸柔顺；潘婷——含有维生素 B5，兼含护发素，令你的头发健康，加倍亮泽；沙宣——由世界著名护发专家推荐，含有天然保湿因子，使头发润泽发亮。其实这些不同的产品的配方和实际功效非常接近，但由于形成各自的专属概念，做出了不同的利益承诺，从而满足了具有特定需要的各个部分和层次的消费者，使他们分别与某一产品建立情感上的联系。

多元化不仅是机遇也是陷阱

1989 年 8 月，深圳大学毕业的穷学生史玉柱借了几千元开始了创业之旅，他开发出一种名为 M-6401 的文字处理系统软件，在一家报纸上打了 3 期小广告后，当月就赚回了 4 万元。3 个月后，史玉柱赚到了第一个 100 万元，成为了百万富翁。1991 年巨人集团成立，1995 年，史玉柱被《福布斯》列为中国大陆第 8 位富豪。

正当此时，全国开始兴起房地产和生物保健品热。为了追随潮流，巨人集团提出了第二次创业的口号，开始迈向多元化经营之路。其中之一就是斥资 2.5 亿元在珠海修建了 72 层的巨人大厦。此外，服装实业部、化妆品实业部、供销实业部等十几个实业部宣布成立，并先后开发出了服装、保健品、药品、软件等 30 多类产品，但最后大都不了了之。

一系列不成功的投资和巨资修建的大厦拖垮了“巨人”的资金链。1996 年，“巨人”的资金告急，1997 年，“巨人”已没有现金可用。“企业没有现金，像人没有血液一样，没法生存，一个礼拜之内，“巨人”迅速地垮了，并欠下了 2 亿元的债务，“从休克到死亡，过程非常短。”史玉柱说。

在“抓着一切发展机会”“东方不亮西方亮”“做大必须多元发展”思想的误导下，中国的企业家很容易头脑发热，一做大就多元化，但往往三五年就完蛋。几乎所有优秀的中国企业都或多或少地进行着多元化的努力，而几乎所有优秀企业的危机与衰亡都与多元化扩张战略有关。

机会是无穷的，但企业的资源是有限的，竞争也是白热化的，企业只有发挥最大的精力，形成核心竞争力才能立足。“不要将所有鸡蛋放在同一个篮子里”，这是经济学中关于投资的一条重要原则。由于在经济生活中存在各种各样的风险，每种投资方式都有利弊，人们就将资金分散投资在不同的领域内，以获得最大效益。但是，这个理论仅仅适用于资本投资，经营类投资恰恰相反，要将所有的鸡蛋放在同一个篮子里，因为在某一领域有着深入的研究，比在各个领域都有浅薄的研究更能获得成功。

作为重要的经营战略之一，20 世纪 60 ~ 70 年代“多元化”曾被西方的大企业广泛采用，也有许多成功的例子。但是，多元化经营必须具备一些必要的前提条件，比如，只有当本业吸纳不了剩余的资本时，企业才有资格考虑多元化的问题。是否实行多元化，还要分析企业在进入一个新行业时有没有必要的技术、管理和销售能力，因为在不同的行业里这 3 个要素是不同的。同时，自 20 世纪 80 年代末期，世界范围内出现了企业回归主业、突出核心能力的趋势。

被誉为“常青树”的鲁冠球认为，万向集团常盛不衰的关键就在于紧紧咬住自己的主业，围绕汽车零部件做大做强，而不搞投机，不涉足利润较高的房地产、汽车、建材、能源等领域，因为万向集团认为自己缺乏这方面的专业人才，超过了万向集团所具备的力量。

万向集团的发展证明了企业首先应该着力于专业化，想要实行多元化，也应该在保证专业化的基础上，沿着与专业化相关的领域实行多元化。只有专业化，企业才可以集中最有效的资源，打造自己的核心竞争力，而没有核心竞争力的企业必将被市场淘汰。

多元化是一把“双刃剑”。步子走准了，可培育增长点；步子走偏了，可形成出血点，甚至“追了一群麻雀，丢了一只母鸡”。雅虎当年发现了搜索引擎这个金矿，第一个开发出了雅虎网站，获得了巨大的成功。但是，雅虎没有满足于自己的成功，很快进行了多样化尝试，最终虽然开出了许多其他宝藏，却漏掉了最宝贵的宝藏，让 Google（谷歌）后来居上，Google 的市值是雅虎的 10 倍。

即使在做大做强之后，要想实现多元化，也不能盲目地选择所谓高利润的行业，而应选择关联性的产业，并尽可能控制在“近亲”的范围之内。可以以主导产业为基础，两头延伸找出路，拉长产业链条；也可以寻找主导产业的“堂兄弟表阿哥”，去投资，去扩张，形成产业集群。

[illegible]

[illegible]

[illegible]

[illegible]20世纪80年代[illegible]

[illegible]

[illegible]

[illegible]

[illegible]

[illegible]

PART

第六章

6

宣传管理——给企业带来无形收入

坏事也有可能变好事

在同样的一条河里，要到达同一处彼岸，怎样做符合程序，怎样做不符合程序，这正是聪明人发挥聪明才智的时候。

在公司的经营活动中，难免会有一些令人烦恼的“小事”发生。对此，有的公司不闻不问，任小烦恼化成大麻烦；有的却长袖善舞，变坏事为好事。

日本大阪有一家“吃光餐馆”，其老板山田参加参议员竞选落选，之后他专心打理这家餐馆。

餐馆的规模倒不小，可开业不久就遭遇了麻烦。餐馆的五十多名员工认为自己的待遇太低，为表示抗议和争取提高待遇，开始闹罢工。刚开业就碰上这等倒霉事，对任何人来说都是重大打击。

但老板山田不是一个普通人，他毕竟是参加过参议员竞选，不乏政治头脑和手腕，虽然说现在是“弃政从商”，但往日政坛斗争的经验还是很丰富的。他很快就拿定主意，要把这次员工的“造反”变成一次公司形象宣传，“化害为利”。

一方面，他找来带头闹罢工的员工，和他谈判，答应给员工增加一部分薪水，请员工复工。在安抚人心、职工们答应重新上班后，山田开始了他别出心裁的广告活动。他开始在店铺里到处贴出宣传小旗，上面竟写着：“欢迎罢工”“我们欢迎攻击”之类的话。

这种违背常理的做法，吸引了大量“好事”的顾客。同时，山田本人的背景和这种不同寻常的广告，也吸引了许多报纸杂志的记者前来光顾。他们主动登门采访，并撰写专题文章，在各报纸、杂志上发表。

通过顾客们的议论和报纸杂志的宣传，“吃光餐馆”成了人们议论的话题，给人们留下了深刻的印象。再加上山田其他的一些辅助措施，如让牛穿上写有“吃光”字样的衣服，牛背上驮上各种活鸡、活鸭、蔬菜等，在大阪的街上招摇过市。因此报上对于“吃光餐馆”的报道总是连续不断。

这样，山田没有花一分钱的广告费，却使得餐馆成为人们乐于议论和常去的地方，餐馆的营业额在一年内翻了两番。一件令人头痛的坏事，在山田老板的手中却变成了一件难得的好事。

这件事之所以坏事变成了好事，就在于山田利用了人们的好奇心，吸引了人们对他的餐馆的关注。

定位好企业的形象

准确的企业形象定位，决定着企业形象塑造的方向和结果。而企业的经营理念与价值观，则是决定着企业形象的企业文化内涵。比如广东科龙集团公司，这是一家以生产容声冰箱、三洋–科龙雪柜、科龙空调、华宝空调等家电类产品的上市公司，因此，它的形象定位是：一家在“科龙电器”统领下的多品牌制冷专业上市公众企业。

准确的企业形象定位，决定着企业未来的形象塑造方向，同时也决定着企业未来的发展方向与目标。

（1）定位于个性张扬，主要指充分表现企业独特的信仰、精神、目标与价值观等。它不易被人模仿,是自我个性的具体表现。太阳神集团就以“健康，向上，进取，开拓，以人为中心”的经营管理理念为个性特点；美国 IBM 公司是以“科学、进取、卓越”的独特定位来表现经营理念。

（2）定位于优势。在这个“好酒也怕巷子深”的年代，企业要想在激烈的市场竞争中立于不败之地，除了利用人性的张扬之外，还必须扬其所长而避其所短，重视表现企业的优势。企业只有给予公众这种优势形象的定位，才能赢得公众的好感与信赖。如法国轩尼诗企业的 XO 白兰地，宣传活动充分表现其法国轩尼诗“高贵气派”的形象，给中国老百姓留下了深刻的印象。

（3）定位于情感。这是企业通过对公众感性上、理性上及感性与理性相结合的引导来树立企业形象。感性引导定位主要指企业对公众采取感性的引导方法，向公众诉之以情，以求能够和企业在情感上产生共鸣，进而获得理性上的共识。比如“百事可乐，新一代的选择”，就是针对新崛起的年轻人而定的；海尔集团的“真诚到永远”则以打动人心的感性形象扎根于公众。

（4）定位于理性。用客观、真实的企业优点或长处，让公众自我作出判断进而获得理性的共识。比如艾维斯出租车公司的“我们仅是第二，我们更为卖力”，就表现出企业对公众的真诚、坦率；苹果电脑那只被挖掉了一块的苹果，让公众清楚地知道企业仍然存在不足，并非完美，但他们会不断努力。这种理性地引导公众的定位更有利于培养起公众对企业的信任。

知名度与美誉度

知名度和美誉度反映了公众对一个组织的认知和赞许的程度，两者都是公共关系学所强调追求的目标。一个组织形象如何，取决于它的知名度和美誉度。需要明确的是只有不断提高知名度，才能不断提高公司的美誉度。知名度只有以美誉度为基础才能产生积极的效应。同时，美誉度只有以知名度为条件，才能充分显示其社会价值。由此可知，知名度和美誉度的关系是：只有知名度高，美誉度才能高。

知名度解决的是信息不对称问题，衡量的是公司传播自身信息的宽度。知名度不涉及信息质量，也不太顾及信息的深度，只是将原来信息质量的绝对值在传播范围上予以扩大。换言之，知名度解决的只是使市场当中的潜在客户或其他相对人群可以及时找到公司的问题。美誉度体现的是信息质量问题，其内在依据是公司（或其产品）的品质，外在表现为对公司的社会评价。美誉度的核心目的是赢得信赖利益，即公司的品质和社会评价能够获得足够的信用，使更多的市场相对人（包括客户、顾客、供应商）为公司提供信赖利益。美誉度获得的信赖利益是公司获得现实的商业利益的直接来源和根本依据。

依据知名度和美誉度的高低组合，我们可以得到如下结论：

（1）高知名度，高美誉度。这是一种非常理想的状态，是每个公司都必须追求的境界。

（2）高知名度，低美誉度。也就是说，人人都知道它很差，即臭名昭著，这是一种最糟糕的状态。处在这一状态的公司，应尽量缩小知名度，从提高产品和服务质量入手，首先去提高美誉度，然后再去提高知名度。

（3）低知名度，高美誉度。此类公司口碑很好，但知晓的人不多。应该以提高知名度为主攻方向，开展全方位的促销、营业推广、公共关系活动，因为“酒香也怕巷子深”。

（4）低知名度，低美誉度。虽然口碑不好，但知道的人还不够。主要措施也是先提高产品质量和服务质量，提高美誉度，再扩大知名度。

要有崇高的使命

使命是企业一种根本的、最有价值的、崇高的责任和任务，即回答我们干什么和为什么干这个。如微软中国公司的网站上标明的微软的使命：“在微软，我们的使命是创造优秀的软件，不仅使人们的工作更有效率，而且使人们的生活更有乐趣。”

缺乏使命意识，使一些创业者和企业成为市场的投机者和赌徒，而在市场投机和设赌，注定要被市场抛弃。我们发现二十几年来，在国内市场冲杀的曾经大红大紫、靠投机取巧红极一时的企业或企业家已经在成功名单中逐渐消失。

研究他们成功与失败的轨迹可以发现，主导这些人走向失败的心理因素，是许多人共同的心理痼疾。而深层次原因，在于他们没有想清楚“我为什么要办企业”这个问题，重复犯了相同的错误。

想一想“为什么要办企业”的问题，才能回到根本；而只有回到根本，企业才能永续发展。作为快速成长的企业管理者，每天考虑的都是如何提高企业的竞争力和实现企业发展的长远目标。一个人的成长需要美好的人生理想作为激励，一个企业的成长更需要远大的目标作为动力，而企业崇高的使命是企业发展之源。

公益活动能使企业扬名

在社会上有名就意味着有钱，对个人来说是这样，对企业来说也是这样。那种认为名声是“虚”的人，是落伍者。对个人来说，有了名以后，就有人请你做广告、拍片、写书或者演讲，这就意味着你将增加收入。对企业来说，有了名声，消费者知道你，认同你，甚至冲着产品的名声去买你的产品，就意味着企业利润增加。正是因为这些原因，有成就的总经理特别注重为企业营造一个好名声。社会公益活动，简单说来，就是对社会、对大众有好处的活动。现在越来越多的企业纷纷投身于社会公益活动，因为参加这类活动不仅对大众有好处，对企业本身的发展也是好处多多。做这样与人为善、兼与己有利的事，何乐而不为？

日本企业在这方面一般都做得很好，他们非常重视企业在公众心目中的形象，因为自己形象的好坏，最终决定了公众对企业产品的信任程度，决定了他们是否购买企业的产品。

日本有一家生产衣帽的小企业，就因做了一件对公众有益的好事而美名远扬。这家企业为了过往行人的方便，特意在企业附近设置了一个小巧漂亮的小亭子，供来往行人休息、乘凉。不仅如此，他们还在那里提供饮料，每人可以喝两杯。此外，逢上下雨天，还会在那里放上几把雨伞，供匆忙上班忘带雨伞的人使用。小亭子的四周是该企业的产品经营情况的介绍，以及陈列样品的橱窗。

由于这个小亭确实给大家带来了方便和实惠，住在附近的人家，都知道这里有这样一个小亭，久而久之，这个小亭就得到了一个雅号——“爱的小屋”，“好事传千里”，很多日本人通过各种途径得知了这个小亭和这个企业。“爱的小屋”名声远扬，使得许多外国游客来到日本后，也要特意去看一看这个“爱的小屋”。

与“爱的小屋”美名一起飞扬的还有企业的销售额，自“爱的小屋”蜚声国内外以后，企业的衣帽销售额扶摇直上，达到有史以来最高点。不知道这家企业的管理者是否听过中国的古训“不以善小而不为”，他们所做的这一点“小善”给社会和企业本身带来的效益却是显而易见的。

参与社会活动能获得很好的回报，是可以用心理学方面的知识来理解的。购买是一种行为，而行为的产生是基于人的心理活动，主要是人的认知过程，但人们的认知心理却是和情绪分不开的。一旦公众认为一个企业是值得信赖的，甚至于觉得自己喜欢这个企业，那么他们对这个企业的产品会有持久的认同感和稳定的购买欲。作为想一心把企业做大做强的总经理，是不是可以利用人们的这种心理，多参与社会活动，最后达到让名声转化为利益的目的呢？

经商重在求名

古语所言“实至名归”，可以反过来说成“名归实至”，经商先求名，创出金字招牌，自然生意兴隆通四海。而要求名，必先讲义，讲义气，扬善心，名誉声望在外，财源滚滚也是不言而喻的。义与利不分家，慈善活动是商业战场中的战术，换个角度看是积德之举，财富之神青睐行善之人，这听起来似乎有一点“天命轮回”的味道，然而道理在此，事实当前，不可不信。

印尼商业巨子林绍良特别注意经营民心，他说：“我们要有好的前途，必须得到本地人认同，跟本地人共同建设家园，分享财富和成果，力求达到‘均富’的理想，使社会安定。”

他深刻地认识到，如果个人置于社会之外，甚至民族之外，那么其结果只能是被社会、民族摒弃，赚钱更无从谈起。因此，他的整个事业，办面粉厂、水泥厂等，都是应民族经济之所需，补民族经济之所缺，顺应民心，因而获得了巨大成功。

林绍良的幸运年是1968年。这一年，他向印尼政府提出加工面粉的建议，以解决粮食不足的问题。印尼政府采纳建议，并把2/3的面粉生产专利权给他。他大喜过望，马上出资建起两家现代化的面粉加工厂，从而基本解决了印尼的面粉供应问题。他的做法既维护了民族利益，又获得了政府支持，还轻松赚到钱。

另一个生动事例，可以印证林绍良是怎样为印尼经济作贡献，赢得民心的。1977年，印尼一家石油公司与某国国际海运集团签订了一项运输协议，事后印尼发现上当了，于是政府决定，宁可政府出钱赔偿，也要废约。但对方不允，出现僵局。如果僵局打不开，势必会影响印尼政府在国际财团中的形象，影响今后的借贷和吸引外资。林绍良于危难之际，受命去解决这一难题，他凭借雄厚的实力，以及在国际贸易中的影响和卓越过人的机智，巧施计策，最终使对方同意取消协议，接收赔偿，为印尼经济利益不受重大损失尽了力。

这样的公司管理者，自然受到公众欢迎、敬重。赢得民心的公司，事业上会更加顺利，在财源上也有了保障。

PART

第七章

7

竞争管理——在竞争中脱颖而出

竞争需要提高赢利能力

企业在做大做强过程中不能只注重规模扩张，而忽视赢利能力的提高。有专家指出：企业要成为主业突出、资产优良的企业，就必须实现由“做大”到“做强”的战略转型，大力提高核心竞争力和持续发展能力。

要跨过“大而不强”这道坎，该怎么做？

1. 强力“治散”，解决影响企业持续发展的主要矛盾

很多企业在产业、布局和管理等方面都存在着相当分散的状况，其突出表现有三：一是产业分散，产业跨度从第一产业到第三产业，从地上到天上，几乎无所不包，许多产业与主业关联不大，“大而全”、“小而全”的弊端仍不同程度地存在。二是布局分散。主业的产业布局分散，集中度不高。特别是一些加工行业，远离资源和市场，存在布局不合理、产供销脱节等问题。三是管理分散，存在管理层次过多、机构重叠、多级法人、分散决策等诸多问题。此外，“散”还表现在科研开发、物资采购、产品销售、商标品牌等许多方面。

“散”是乱之源，弱之根，败之先。“散”的弊端之一是造成资源配置和利用的低效率，使集中度难以提高，区域性优化难以实施；弊端之二是造成多头对外、无序竞争，削弱整体竞争力和控制力；弊端之三是造成内部管理失控，监督不到位，导致效益低下和资产流失；弊端之四是滋生和助长“本位主义”意识，削弱整体凝聚力和执行力。

强力“治散”，是企业由大到强的必由之路。

2. 提升主业的核心竞争力

突出核心业务，做优做强主业，是企业全面提升市场竞争力和持续发展能力的根本。为此，要做到：

（1）健全市场营销网络，提高市场占有率。整合企业原有营销网络，优化资源配置，对市场开拓、营销策略、销售业务实行统一管理。

（2）优化生产，适时投入，确保持续做大做优。

（3）加快科技进步和技术创新，为企业有效发展提供技术支持。

为企业排好位次的竞争思路

位次竞争，就是明确企业的竞争地位，对不同层次的竞争对手确立相应的对策。如果在实际竞争中忽视自己的地位，采取与自己的位次不相称的对策而进入价格竞争、产品更新竞争等各种竞争，不仅会给产业界造成混乱，而且最后也达不到自己的目标。

位次竞争思路的目标就是要排除徒劳的竞争，通过对技术革新的刺激，创造出最适当和有效的竞争关系。

1. 第一位企业的包围战术

在竞争中，处于第一位的企业基本思路是稳定整个市场，即以自己为中心稳定市场，使整个行业在价格、市场占有率、技术、销售等方面不发生激烈的竞争。

2. 第二位企业的竞争思路

在竞争中，处于第二位企业的基本思路是在力量用尽时，一面和第一位休战，一面抢在市场变化之前，首先在新领域成为第一位，然后看准时机向第一位挑战。

3. 第三位企业的竞争思路

第三位企业的思路是和第一位企业结成同盟，向第二位企业挑战，联合第五位以下的企业，把市场搞成不稳定的竞争市场；寻找机会超过第二位企业，再以第一位企业为目标。

4. 第四、第五位企业的竞争思路

第四位企业的基本思路是联合第五位以下的企业，创造弱者集结的条件，以弱者之间的联合来形成能和第一位企业相对等的力量。但基本上是和第一企业协调，努力稳定市场。

第五位企业的基本思路是不和高位次的企业竞争，而是和第一位企业共同生存，努力稳定市场，短时间内放弃在这个领域成为首位的打算。

做好企业竞争能力的统计分析

企业竞争能力统计分析是一种通过两个相互联系的、能表示企业竞争能力的指标的对比，反映企业竞争能力强弱的统计分析方法。

企业竞争能力主要体现在产品品种、质量、价格、消耗和销售等方面，因而企业竞争能力分析包括以下主要内容：

1. 产品质量竞争能力分析

产品质量是反映企业产品竞争能力的一个主要标志。一种产品通常有许多质量特征，在进行分析时，只能依据质量标准进行检查对比，当与国外产品进行对比时要依据国际性组织制定的国际标准，当与国内产品进行对比时要依据国家标准、部标准或行业标准。凡没有国家标准、部标准或行业标准的产品，可由生产企业自行制定企业标准。

对依照质量标准对比检查发现的差距，应从企业内部找寻、分析原因，是产品设计问题、制造精度控制问题、生产管理混乱造成的问题，还是原材料、外购件、外协加工件存在质量问题，等等，以便制定措施，提高产品质量。

2. *产品市场占有状况分析*

市场是企业竞争的场所，企业产品的市场占有状况则是企业竞争能力的集中反映。通过分析企业市场占有状况，可以反映企业竞争能力的强弱、适应能力的高低，也可说明企业的营销决策是否正确。

企业产品市场占有状况的分析指标有两个：一个是市场占有率，另一个是市场覆盖率。

计算公式分别为：

市场占有率＝（企业产品和销售量 / 产品市场销售总量）×100%

市场覆盖率＝（本企业产品投放地区数 / 全市场销售地区数）×100%

这两个指标都是对一定的地域范围而言。它们可从深度和广度两方面说明企业产品的市场占有情况。在具体分析时，应将这两个指标结合起来加以考察，因为市场占有率和市场覆盖率共同决定着企业产品销售量。

市场占有率还可以与同行业中市场占有率最高的企业相比，称之为市场相对占有率。其计算公式为：

市场相对占有率＝（企业产品的市场占有率 / 同行中最大竞争者的市场占有率）×100%

通过计算市场相对占有率，可以了解企业与同行业企业中同类产品最高市场占有率的相对关系，判明企业是否处于有利的竞争地位。如果相对占有率大于 100%，说明企业处于有利地位，应立即对产品质量、价格等方面采取措施，开拓和扩大市场。

3. 企业外部环境分析

企业外部环境分析的目的，是找出对企业发展有利的市场机会和对企业发展不利的问题，为制定能适应外部环境变化的营销策略提供依据。企业外部环境包括政治、经济、技术和社会环境等，分析中应抓住其中的重大问题，如客户、竞争者、供应者、国家政策、新产品开发、产品与原材料价格及银行利率的变化等。其中主要是进行市场需求分析和竞争形势分析。

（1）市场需求分析，进行市场分组，把企业产品的总体市场分成若干子市场或市场面，以便从中找到有利的市场（地区或客户）。

分析影响市场需求的因素。影响市场需求的因素是多方面的，要通过市场调查对这些因素的今后发展进行预测，从而掌握市场对企业产品的需求动向。

分析市场供求关系。一个企业在制订生产销售计划时，必须分析市场供求关系。例如，企业准备提高产品质量，增加产品花色品种，就需要考虑这些改进对价格以及供求关系会产生哪些影响，经济上是否合算。又如，哪些产品应提高价格或是降价销售，也需要分析不同产品的供求情况，才能做出决策。

（2）竞争形势分析。分析竞争因素，竞争因素除现有竞争企业外，还应包括客户、供应者、潜在竞争者和新产品等因素。分析了这些因素，才能对竞争情况有个比较全面的了解，才能为制定自己的竞争策略提供依据，如在什么范围内竞争，和谁竞争，竞争什么，只有通过分析研究才能确定。对竞争者除搜集整理其有关情况外，还要分析竞争的内容，才能了解企业产品的市场机会在哪里、风险在哪里。

4. 企业内部环境分析

分析企业内部环境的目的是要弄清与竞争对手相比，企业在内部条件上有哪些优势和劣势，以便扬长避短，有效地利用现有条件，通过内部控制去适应外部环境的变化。分析内部环境应重点分析下列问题：现有产品的品种、质量、价格，现有生产能力和新产品的开发能力，销售情况，财务和筹集资金的能力，设备和人员状况等。

在竞争时树立好竞争心态

面对各种各样的竞争，有的企业过早地凋谢，而另外一些企业却能生存下来，这是什么原因造成的呢？其实，关键在于生存下来的企业是否有很强的竞争意识和竞争力。

那么，企业在发展中，怎样才能增强企业的竞争力呢？

1.“三只眼理论”和“浮船法”

着眼于市场竞争，海尔集团提出了“三只眼理论”和“浮船法”；集团“三只眼”用来盯员工和用户，盯政府，盯市场变化，要盯紧，并抓住各种变化，使之转化成集团腾飞的机遇；“浮船法”是市场竞争中的一种思维方法，搞产品要尽善尽美，只要比竞争对手高一块，或者说是高一筹，高半筹也行，只要高一点，老是保持高于市场的水平，就能处在竞争对手之上。

2.“快鱼吃慢鱼”

“快鱼吃慢鱼”意即“抢先战略”，是赢得市场竞争最后胜利的重要前提条件。实践已反复证明，在其他诸因素相同或基本相同的情况下，谁抢占商机，谁就会取得最后的胜利，抢先的速度已成为在竞争中取胜的关键因素。从市场经济的角度来说，时间相对于资金、生产效率等，更具有紧迫性和实效性。羚羊如果跑不过最快的狮子，肯定会成为狮子的美餐，狮子跑不过最慢的羚羊，就会饿死。一句话，什么都要抢先。

3. 炒豆理论

孔雀开屏，总是与“自我炫耀”、“自作多情”等字眼联系在一起，但是，不可否认的是，孔雀那五彩缤纷、色泽艳丽的尾羽和优美的舞蹈动作，让人赞叹。一位温州商人说：“我们温州人既会干事，也会作秀。豆子要不断翻炒才能熟，经商办企业就应该炒，炒才能成就大业。”

有人说，21 世纪是眼球经济的时代，眼球经济也就是注意力经济，即通过引起公众的注意来创造经济效益。温州商人的“作秀”可以说是挖掘了眼球经济的精髓。有人这样评价台州商人和温州商人：“台州人会做事，温州人会作秀。”有位台州商人说：“我们台州人确实比较务实，很会干实业，办实事，但我们也想作秀，有实干的基础，做些秀，不是更好吗？可惜我们好像缺少这个天分。”言下之意，商人也应该成为天生的“作秀”家。

多去了解你的竞争对手

在商战中，企业总是要不断应对来自各个方面的挑战，这当中来自其他企业的挑战是最多也是最激烈的。“两军相逢勇者胜”，而两个企业之间的竞争，更是勇气和智慧的较量，尤其在两家旗鼓相当的时候，较量就更显得惊心动魄了。此时作为企业来说，要做的准备是多方面的，但首先是要做到知己知彼，才能百战不殆。这当中，知己相对而言好办些，那么知彼——了解对手则是最重要的。

要想了解对手，可使用包括“间谍”等多种方式搜集情报。但像日本的三井集团那样，全凭决策者自己的大脑分析、判断，最后作出明智的决策，就不得不让人佩服了。

日本三井集团和三菱集团是一对冤家，一次在竞争三池煤矿的收购权时，两家又狭路相逢了。到底该用多少价钱投标呢？两家都必须在尽量争取以低价格得标的同时，充分考虑对方的价钱，这样才能获得投标的成功。这场竞争的胜利者是三井集团。

原来，三井集团总裁益田孝反复思量，认为三菱集团投 400 万元的可能性最大，于是决定投 455 万元。但第二天，他又想：三菱集团恐怕也是这样推测的，就决定再加 5000 元。投标时，一个无人知晓的人物标得头高——455.5 万元，接下来的两个也是默默无闻的人，分别出价 455.27 万元和 427.5 万元，第四名才是三井集团的 410 万元。这有些让人难以理解，怎么会见不到三菱集团的身影，而三井集团又位居第四呢？

原来，第一高标和第三高标都是益田孝假冒别人的名字去投的，假如三菱集团所估的价格比第三高标价格低的话，那么，三井集团将把第一标让给第三标，以第三标的价格赢得煤矿。其实第二标是三菱集团用假名标下的价格，因为他猜测三井集团会投 455 万元，所以加 2500 元，但是，或许三井集团也料到这一点，而出同样的价钱，于是又加了价而成为 455.27 万元。在这一轮相互猜测中，由于三井集团对竞争对手的心思了解得更为清楚，所以取得了最终的胜利，获得三池煤矿的所用权，并使它成为三井集团的宝库。据 1932 年《朝日新闻》报道，三池煤矿年获利在 10 亿元以上。看来，了解对手所带来的收益是巨大的。

成长的秘密是合作

“同行是冤家”，这句中国人常说的话，现在成了很多管理者的一种定式思维，在处理与其他企业的关系时，常常弄得剑拔弩张，人人紧张，个个自危。其实大可不必弄得如此紧张，换一个角度，换一种思维方式，事情可能变得容易得多。

小天鹅洗衣机是很多消费者爱用的产品，碧浪洗衣粉则是另一个广为人知的著名品牌，生产它们的小天鹅公司和宝洁公司分别是两家有名的家电公司和日化公司。为什么把这两个品牌放在一起说呢？

大家可以想一想，如果一个主妇要洗一大堆衣服，她只有洗衣机而没有洗涤剂行不行？当然不行，或只有洗涤剂，没有洗衣机行不行？多半不行（至少城市中的大多数人认为不行）。那么，在现代社会中，当洗衣机和洗衣粉已形成鱼儿离不开水、瓜儿离不开秧的关系时，家电公司和日化公司之间应以一种怎样的方式相处呢？小天鹅公司和碧浪公司的回答是：像犀牛与牙签鸟那样和平共处、互利互惠。

它们是这样做的：小天鹅公司在商场销售该公司生产的洗衣机时，同时宣传碧浪洗衣粉。顾客在购买小天鹅洗衣机时，会在包装箱内发现一个小塑料袋，里面装了3件东西：一袋碧浪洗衣粉、一本小册子和一张不干胶广告。

那一小袋洗衣粉当然是宝洁公司提供的赠品，这一方面可以看作是小天鹅洗衣机的一种促销手段，另一方面在这一过程中也宣传了碧浪洗衣粉。此外，一起装在袋中的那本小册子也值得一提。小册子的封面上印的图像是小天鹅洗衣机和碧浪洗衣粉在蓝天白云中飞翔，上面有醒目的几个大字："小天鹅全心全意推荐碧浪"。小册子的内容是介绍碧浪洗衣粉和小天鹅洗衣机的使用方法，而且把介绍碧浪的内容放在前面。

与此相对应的是，碧浪洗衣粉也在产品的包装袋上，印上小天鹅洗衣机的宣传图片。像小天鹅在介绍时强调"选择合适的洗衣粉才能洗净衣物和保护洗衣机"一样，碧浪洗衣粉则强调"选择合适的洗衣机才能充分发挥洗衣粉的洗涤效果，并且保护衣物。"

结果是："小天鹅、碧浪全心全意带来真正干净。"

当然，这一切都是两家公司相互协商的结果。两家公司都是实力派公司，两家的合作属于强强联合。而他们互助互利的结果提醒我们，公司与公司之间是有可能且有必要和平共处、共生共利的。

在严酷的竞争中，公司与公司之间的斗争与不和谐是会时常发生的，意识到这种生存状况的存在，就需要准备一些对策。

PART

第八章

8

客户管理——让客户忠诚于你

企业要以诚为本

华人首富李嘉诚在创办“长江塑料厂”最困难的日子里，遇到竞争对手恶意的拍照，对手把镜头对准了他那破旧的厂房和工人。当对方把这些照片登报后，他拒绝了旁人给他出的重新包装粉饰一番的反宣传策略。他背着产品实实在在地找到代理商，很诚恳地告诉他们：“你们看，我们在创业阶段的厂房是破了点，我这个厂长也是够憔悴的，且衣冠不整，但是请看看我们的塑料花，还有我们所设计的新品种，我相信质量可以证明一切，欢迎你们到我们的厂来参观。”代理商惊奇地看着这个诚实勇敢的年轻人，以及他生产的优质塑料花，他们为有这样忠厚老实而又优秀的创业者而自豪，纷纷到“长江塑料厂”参观、订货。

可以这么说，在帮助李嘉诚成功的有利工具中，绝对有一件叫做“诚信”。如果李嘉诚把主要精力放在“形象公关”上，势必捉襟见肘，多费口舌，反而说不清楚。而他选择诚信做人，认真做事，把主要精力放在工厂的生产上，以质取胜，最后获得市场的承认，取得了成功。反观现在，不少企业正面临一场严峻的挑战——诚信缺失。当前，企业市场营销中的诚信缺失时有发生，如产品假冒伪劣、广告华而不实、售后服务虚假承诺等，这严重地违背了社会公德，损害了消费者的利益。

诚信是我国传统道德中最重要的规范之一，也是市场经济条件下企业在从事生产、经营、管理活动中处理各种关系的基本准则。诚信的基本内涵包括“诚”和“信”两个方面，“诚”主要是讲诚实、诚恳，“信”主要是指讲信用、信任。诚信要求企业在市场经济的一切活动中要遵纪守法、诚实守信、诚恳待人，以信取人，对他人给予信任。

诺贝尔经济学奖得主诺思说过："自由市场经济制度本身并不能保证效率，一个有效率的自由市场制度，除了需要有效的产权和法律制度相配合外，还需诚实、公正、正义等方面有良好道德的人去操作这个市场。"美国学者福山在《信任：社会美德与创造经济繁荣》一书中曾预言：21世纪是信誉的世纪，哪个国家的信誉度最高，哪个国家就会赢得更广阔的市场。

在市场营销中，企业不可避免地要对客户做出各种承诺，因为企业的承诺就是客户的定心丸。企业承诺是对经营环境的适应，也是对经营环境的合理利用，是建立在企业资源合理配置及核心能力有效发挥的基础上。客户需求和期望是企业承诺的出发点和重要参考依据；反过来，合理的承诺是企业对市场需求的适应性反应，它不仅应立足于满足市场和客户的需求，而且应策略性地考虑通过有效的承诺及管理去管理客户的期望值。

一旦给了客户承诺，就一定要兑现。每次客户完成购买时，他们的满意度决定了他们的下次选择。如果满意，那么可想而知，在将来有新的需求时，他们会回来找你；但如果不满意，那么他们下次的购买就会另找他人。衡量他们心中是否满意的一个很重要的标准就是你是否重视你的承诺。只有重视你的承诺，才能赢得他人的信任，没有人喜欢一个不重视承诺的人。

承诺不是随便说说的，"一诺千金"的作用在营销中体现得非常明显。除非这些承诺是肯定能做到的，否则不要轻易给客户承诺，不讲信用就失去了合作的基础。现实生活中，企业与客户闹矛盾，据说80%的问题都出在承诺兑现上。有的企业为了调动客户的购买积极性，经常随意地向客户做承诺。结果，客户购买了产品后，发现那些所谓的承诺根本没有兑现，双方的合作关系必然会受到影响。

在因为意外而不能兑现承诺时，要对客户诚恳地道歉，如果因此而给客户带来损失的话要尽量赔偿，千万不要为自己找借口。任何理由都是苍白无力的，客户只会记得你是言而无信的。与其找借口，还不如先老老实实承认自己的过失，然后再尽力化解危机，使事情朝良好的状态发展。比如，大多数知名品牌汽车，经常会发生有瑕疵汽车被召回的事件。在这些企业宣布汽车存在质量问题并召回后，企业的信誉、汽车的销量并未因此而受到影响，反而会让客户感觉到这样的企业及其产品是值得信赖的。因为没有什么是绝对完美的，客户更需要感觉到你对他们是负责任的，你正在尽力做到完美，并且你是在设身处地地为他们着想。当你能承担所有责任并改正你的过失时，本来不好的事反而会让你赢得客户更大的信任。

忠诚客户需要用心培养

星巴克并没有广泛的客户群，它的生意主要依赖于那些忠诚的客户。那些最忠诚的客户每月上星巴克店的次数高达18次，他们把星巴克当做是一种除居家和办公之外的第三场所，在那里体验着在别的地方无法体验到的情调和氛围。

忠诚，是一个有着悠久历史的人文概念。早在封建时代，忠臣、忠民就已经受到了人们的极力推崇。随着时代的发展，忠诚被逐步引入至国家、民族、家庭乃至经济领域。在今天，任何一个成功的企业无一不在灵活地应用着“忠诚”的各项原理，拥有一批忠诚的客户是他们成功的重要因素。

1. 什么是客户忠诚

客户忠诚是指客户对企业的产品或服务的依恋或爱慕的感情。在商业环境中，客户忠诚是从客户满意的概念中引申出来的，即客户满意后而产生的对某种产品或品牌希望重复购买的一种心理倾向。忠诚型的客户通常经常性地购买该企业的产品或服务，会拒绝竞争者提供的优惠，即使出现了价格更低的，他们也不会轻易购买，甚至还会自愿地向别人推荐、宣传该企业的产品或服务。

客户忠诚可以分为行为忠诚、意识忠诚和情感忠诚。行为忠诚是客户实际表现出来的重复购买产品的行为；意识忠诚是客户在未来可能购买产品的意向；情感忠诚则是客户对企业及其产品的态度，包括客户积极向周围人士推荐企业的产品和服务。

2. 客户忠诚的意义

自从经济学家提出了“20/80 定律”以后，客户忠诚就成为了商业领域的一个热门话题。美国运通公司负责信息管理的副总裁詹姆斯·范德·普顿指出，最好的客户与其余客户消费额的比例，在零售业来说约为 16∶1，在餐饮业是 13∶1，在航空业是 12∶1，在旅店业是 5∶1。有一项调查研究也表明，一个企业总销售额的 80% 来自于占企业客户总数 20% 的忠诚客户。

拥有一批忠诚客户对企业的发展是十分关键的。忠诚客户是企业巨大的财富，是企业主要的利润来源，它所带来的收获是长期且具有累积效果的。一个客户保持忠诚度越久，企业从他那儿得到的利益越多。

那么，用什么样的方法能增长企业的销售业绩呢？

（1）提升销售量。忠诚客户都是良性消费者，他们会向企业重复购买产品或服务，从而保证了企业产品销量的不断上升，使企业拥有一个稳定的利润来源。埃森哲咨询公司的一项调查表明，81% 的客户称会继续在他们所忠诚的企业购买产品或服务，约一半的人称他们会在忠诚的企业购买更多的产品，或对促销产品有所反应。客户越忠诚，企业从客户身上获得的利益越多，这是因为客户支持同一家企业的时间越长，他们就越舍得花钱。

（2）加强竞争地位。忠诚客户会持续地向企业而非竞争对手购买产品或服务，并对竞争对手的促销活动产生免疫力，从而使企业在市场上的地位变得更加稳固。即使发现所购产品或服务存在某些缺陷，或在使用中发生故障，这些忠诚客户通常能做到以谅解的心态主动向企业反馈信息，求得解决，而不会以投诉或向媒体披露等手段扩大事端。

对老客户要不断加大投资

A公司和B公司是两家同等规模的建材公司，在业务上处于竞争关系，实力不分上下。两家公司为了争夺业务，彼此展开激烈的客户争夺战，谁也没能一下子拉开彼此的差距。后来，A公司请来了一家咨询公司，并听取了咨询公司的建议：将精力更多地放在老客户身上。不到两年时间，A公司就迅速超越了B公司，成为该行业的区域老大。

企业要生存和发展，首先必须创造利润，而企业的利润主要来源于客户的消费。这些客户可以分为两部分：一部分是新客户，即利用各种市场营销手段吸引潜在客户来初次购买产品或服务；另一部分是企业的原有客户，即老客户，他们已经购买过企业的产品，使用后感到满意，经企业加以维护愿意连续购买产品。

大部分企业都将更多的精力放在赢得新客户上，相对而言对老客户给予的重视则不够。这种错误的观念和做法往往会付出巨大的代价——客户流失率很高。埃森哲咨询公司对美国和英国众多行业客户的一项调查发现，60%的人在过去一年中改变了对某一公司的忠诚态度，64%的人称可能或很有可能转向另一家公司。而另外一项调查也表明，客户忠诚度的数字是令人沮丧的，大多数企业每5年平均失去约一半的客户。

的确，开发新客户对企业营销非常重要，但在产品供大于求、竞争激烈的市场上，新市场的开拓毕竟有限，成本也很高。而且，在“漏斗原理”的作用下，由于老客户不断流失，为保持销售额，企业必须不断补充新客户，才能不断循环。企业可以在一年内失去100个客户，而同时又得到另外100个客户，从表面上来看，销售业绩可能不会受到影响，然而实际上，为争取这些新客户所花费的成本显然要比保持老客户昂贵得多，从企业投资回报程度的角度考虑是非常不经济的。

仔细分析一下赢得新客户和留住老客户两者的成本，你就会大受启发，吸引客户比留住客户所付出的代价要昂贵得多，而所获得的收益又要小得多。

保持一个客户的营销费用仅仅是吸引一个客户的营销费用的 1/5。

与客户的第一次销售成本大约是第二次交易成本的 5 ~ 10 倍。

向现有客户销售的成功概率是 50%，而向一个新客户销售的成功概率仅有 15%。

如果将每年的客户关系保持率增加 5 个百分点，能使企业利润增长 85%。

企业 60%的新客户来自现有客户的推荐。

美国哈佛商学院曾经对客户整个购买生命周期内服务于客户的成本和收益进行了分析，并得出结论：对于每个行业来说，在早期为赢得客户所付出的高成本使客户关系不能赢利；但在随后几年，随着服务老客户成本的下降及老客户购买额的上升，带来了巨大收益，回头客每增加 5%，利润就会增加 25% ~ 95%。

客户的价值，不在于他一次购买的金额，而是他一生能带来的总额，包括他自己以及对亲朋好友的影响，这样累积起来，数目相当惊人。假定一位客户每次的消费金额为 10 元，如果他每两天产生一次购买行为，以 10 年计算：10 × 365 × 10 ÷ 2=18250 元。再假设该客户在 10 年中又影响到 10 人，使他们都成为该企业的客户，那么购买总额将扩大 10 倍左右，这是一笔多大的收入。

留住老客户还可以使企业的竞争优势保持得更为长久。10 年前，IBM 的年销售额由 100 亿美元迅速增长到 500 亿美元时，IBM 营销经理罗杰斯谈到自己的成功之处时说："大多数公司营销经理想的是争取新客户，但我们成功之处在于留住老客户。我们 IBM 为满足回头客，赴汤蹈火在所不辞。"

忠诚要靠主动培养

在麦当劳，经常可以看到不少家长带着孩子在那里“享受”汉堡快餐，难道这些家长真的就那么喜欢吃麦当劳的汉堡吗？当然不是，他们只是孩子的陪同而已，真正喜欢麦当劳的是那些孩子，而这些孩子就受到麦当劳文化的熏陶。各种各样的文化促销形式（如推出系列史努比公仔引来孩子的追捧），建立起了潜在消费者对麦当劳品牌的忠诚，使得麦当劳这一品牌在世界各个角落扎根。

这就是麦当劳的聪明之处。客户的忠诚不是天生的，是培养出来的。在明确客户群后，麦当劳就开始主动地培养他们的忠诚，通过各种促销形式，通过各种可爱的小玩具，通过门市里开辟的儿童乐园，不但成功地吸引了这些潜在消费者的注意力，还培养了他们的特殊情感。

相比之下，大多数企业都是被动等待，而不是主动培养客户。他们只是通过广告等手段将自己的产品或服务向广大消费者宣传，然后就是静等新客户的上门，寄希望于这些客户在使用了企业的产品和服务之后感到满意，从而一次一次地购买，最终成为企业的忠诚客户。显然，这种被动等待并不能为他们带来忠诚的客户。

大多数客户都对微软的产品有着这样或那样的意见和不满，但却很少有客户会因此而“变节”，因为改换使用其他产品要付出很大的成本，比如兼容性、习惯性等。

1997 ~ 1998 年，虽然香港政府发了很多移动电话牌照，打破了原来只有 3 家移动公司竞争的现状，各移动公司都通过价格竞争抢夺市场，但由于转换成本太高，换移动公司必须换号码，很多客户不愿意换号码，就不能换公司。为此，香港政府规定：移动电话可带号换公司。转换成本一下子降低，使香港的移动公司的竞争真正实现市场化运作。

“转换成本”（Switching Cost）是迈克·波特在1980年最早提出来的，指的是当消费者从一个产品或服务的提供者转向另一个提供者时所产生的一次性成本。这种成本不仅仅是经济上的，也是时间、精力和情感上的，它是构成企业竞争壁垒的重要因素。如果客户从一个企业转向另一个企业，可能会损失大量的时间、精力、金钱和关系，那么即使他们对企业的服务不是完全满意，也会三思而行。营销专家将转换成本分为8种：

（1）经济危机成本（Economist Risk Cost），即客户如果转向其他企业的产品或服务，有可能为自己带来潜在的负面结果，比如说产品的性能并不尽如人意、使用不方便等；

（2）评估成本（Evaluation Cost），即客户如果转向其他企业的产品或服务，必须花费时间和精力进行信息搜寻和评估；

（3）学习成本（Learning Cost），即客户如果转向其他企业的产品或服务，需要耗费时间和精力学习产品的使用方法及技巧，如学习使用一种新的电脑、数码相机等；

（4）组织调整成本（Setup Cost），即客户转向其他企业，必须耗费时间和精力与新的产品或服务提供商建立关系；

（5）利益损失成本（Benefit Loss Cost），即企业会给忠诚客户提供很多经济等方面的实惠，如果客户转向其他企业，将会失去这些实惠；

（6）金钱损失成本（Monetary Loss Cost），如果客户转向其他企业，可能又要缴纳一次性的注册费用等；

（7）个人关系损失成本（Personal Relationship Loss Cost），即客户转向其他企业可能会造成人际关系上的损失；

（8）品牌关系损失成本（Brand Relationship Loss Cost），即客户转向其他企业可能会失去和原有企业的品牌关联度，造成社会认同等方面的损失。

提高转换成本是保持客户忠诚度的一个好办法，它能够让客户在不满意的情况下也会倾向于保持“忠诚”。比如，各家银行都通过向客户宣传金融服务的复杂性和学习过程很长，让他们感知到转换成本很高，因此不愿意轻易更改服务商。

值得注意的是，虽然转换成本可以有效阻止客户的转换行为，但它却并不是客户忠诚的主要驱动因素。也就是说，客户忠诚主要取决于客户满意服务质量和感知价值，只有在这些要素达到一定水平的基础上，转换成本才能发挥作用。

学会引导客户的期望值

去农贸市场买菜，即使小摊贩有一些不太雅的言行，人们一般会见怪不怪，觉得可以接受；而去大超市购物，如果营业员稍微有点不文雅的举动，人们就会觉得这个超市服务差。

为什么同样的行为，人们却会有不同的感觉？关键就在于期望值不同。所谓客户期望值，就是客户认为企业提供的产品或服务应该达到的某种状态和水平，它包括期望的内容、标准（包括定量标准和定性标准）等。引导客户的期望值，是指企业有目的、有计划地主动适应和影响客户期望值的过程，其目的是使客户的期望值维持在某一合适的状态。

让客户满意，不是要满足客户的任何需要。事实上，没有一样产品、一个企业能够真正无限制地完全满足客户的所有期望。菲利普·科特勒认为，客户满意"是指一个人通过对一个产品的可感知效果与他的期望值相比较后，所形成的愉悦或失望的感觉状态"。亨利·阿塞尔也认为，当商品的实际使用效果达到客户的预期时，就导致了满意，否则，会导致不满意。

可见，满意水平是可感知效果和期望值之间的差异函数，在企业所提供的产品、服务不变的情况下，客户的满意水平和期望值是成反比的。如果可感知效果低于期望，客户就会不满意；如果可感知效果与期望相匹配，客户就满意；如果可感知效果超过期望，客户就会高度满意、高兴或欣喜。

所以，提高客户满意度就是努力达到和超过客户对产品或服务的期望值。在提高客户满意度的问题上，一方面要不断提高自身的产品或服务的质量、水平，另一方面还需注意将客户的期望值控制在一定范围之内。提高与控制要两手抓，这一点很重要，单方面强调服务而忽略控制，强调如何去进一步提供更好、更优的服务，忽略对客户期望值的控制，即使服务越来越周到，但客户满意水平却并没有得到相应的提高，因为客户对服务的需求是永无止境的，而企业的资源却是有限的。

因此，我们需要引导客户期望值并维持在一个适当的水平，同时客户期望值需要与客户体验协调一致。引导客户期望值的关键是要给客户一个合理的期望，让企业与客户朝着一个方向努力，把双方期望值的鸿沟缩小，达到双赢的目的。如果企业为客户设定的期望值与客户所要求的期望值之间差距太大，企业就算运用再多的技巧，客户也不会接受，因为客户的期望值对客户自身来说是最重要的。

这样一来，就需要管理者设立完备的管理体系。

1. 客观评价产品或服务

一些企业为了扩大销售，塑造良好的企业形象，往往喜欢在宣传或销售中夸大自己的产品或服务，借此提高自己的身价。尤其是在一些产品的推广活动中，更是夸大产品的能效，人为地制造客户的高期望值。

事实上，这种接近欺骗的手段，不但不能起到良好的效果，反而会伤害客户的信任度，虚假地拉升了客户的期望值。当客户接受了企业的产品后，如果发现没有购买到自己期望的产品，尤其是这种期望已经承诺可以达成，客户就会把一切责任都归咎于企业本身。此时，客户的满意度会大幅度下降。

因此，企业在介绍产品或服务的时候要做到客观真实，既不要夸大也不要隐瞒，而应针对客户需求和企业能够提供的服务状况，客观地描述自己的产品和未来的发展前景。客户对你了解的最初目的，是建立对你产品的信任。用“引诱”的方式来和消费者沟通，虽然可能短期内提高销售量，但这种收获的背后将是企业要付出巨大的诚信代价,最终一定是“搬石头砸自己的脚”。

2. 与客户进行充分有效沟通

在营销中，企业与客户之间往往存在信息不对等的状态。企业对客户的需求把握不足，客户对企业的产品或服务认识不周。大多数时候，客户对产品或服务质量的评价只能是一种模糊的认识，并没有统一的衡量标准，从而导致客户实际感知的服务与期望值之间存在差距，而这种差距往往会造成客户满意度的下降。

因此，在向客户提供产品或服务时，一定要与客户进行有效的交流与沟通。一方面，通过有效的沟通，可以更全面地了解客户的真实意图，了解客户对产品或服务的要求和期望，避免因猜测客户心思而产生不必要的误解；另一方面，可以及时准确地向客户传递产品或服务信息，有效地控制客户的期望值。

3. 对客户的额外要求要谨慎

客户是“上帝”，但并不是“上帝”的任意要求都要满足，事实上也无法做到这一点。如果只要客户提出要求，即使这些并不是企业应承担的，但企业还总是满足的话，那么客户就会习惯性地接受这一点，认为这本来就是他们应当得到的，企业应当承担的。一旦有一次未能满足这些额外的要求，等待企业的将是客户的不满。

因此，在客户提出额外的要求时，企业一定要谨慎。当然，这并不是意味着对客户的要求置之不理，否则换来的同样是客户的不满意。更好的做法就是明确企业的产品或服务内容，清楚地向客户表明他的这些要求是额外的，然后在自己能力范围内帮助客户解决问题，最后要将客户的这些额外要求进行总结，通过广泛地调查进行可行性的论证，为产品或服务的创新提供依据。

客户忠诚可以减少营销费用

忠诚的客户是企业的兼职营销人员，他们会积极向别人推荐产品或服务（如美国的一项研究结果显示，一个忠实的客户通常会将愉快的消费经历告知 5 个人），为企业赢得更多正面的口碑，带动和影响周围人士发生同样的购买行为，而被推荐者相对于一般客户更亲近、更忠诚于企业。此外，与老客户关系熟了，还能够减少合约的谈判等经营管理费用。

忠诚的客户比其他客户更关注企业所提供的新产品或新服务，因为他们信任你，支持你。一个忠诚的客户会很乐意尝试你的新业务并向周围的人们介绍，从而有利于拓展新业务。

客户满意是客户忠诚的前提。只有客户满意了，才有可能再次或者持续购买产品或服务。也只有客户满意了，才有可能形成他们对企业的忠诚。客户忠诚的直接效应就是形成企业的良好口碑，企业的良好口碑的效应才能为企业创造价值。事实上，无论客户对企业产品或服务感到满意与否，都会自发地向外界进行宣传。如果企业的产品或服务不能令客户满意，客户就会向更多的人宣传，致使企业的声誉一落千丈；相反，如果企业的产品或服务让客户感到非常满意，那么客户的宣传就会形成良好的口碑效益。

但是，满意的客户并不一定就是忠诚的客户。满意度衡量的是客户的期望和感受，而忠诚度反映的是客户未来的购买行动和购买承诺。世界知名的美国贝恩（Bain Co）管理顾问公司的研究表明，40%对产品或服务完全满意的客户也会因种种原因投向竞争对手的怀抱。而根据清华大学中国企业研究中心对全国 40 多个不同行业 390 多家企业的调查，许多客户满意度比较高的企业其客户忠诚并不高，有 60%至 80%的流失客户在先前的调查中表示，他们“非常满意”或“满意”。

不可否认，客户满意度是导致重复购买的重要因素，当满意度达到某一高度，会引起忠诚度的大幅提高。因此，客户忠诚度的获得必须有一个最低的客户满意水平，在这个满意度水平线下，忠诚度将明显下降。但是，客户满意度绝对不是客户忠诚的重要条件。因为客户的满意度和他们的实际购买行为之间不一定有直接的联系，满意的客户不一定能保证他们始终会对企业忠诚，产生重复购买的行为。即使是满意度很高的客户，如果不是忠诚客户，为了更便利或更低的价钱，也会毫不犹豫地转换品牌。

永远做到让客户满意

渥道夫受雇于一家超级市场，担任收款员，有一天，他与一位中年妇女发生了争执。

“小伙子，我已将50美元交给您了。”中年妇女说。

“尊敬的女士，”渥道夫说，“我并没收到您给我的50美元呀！”

中年妇女有点生气了。渥道夫及时地说：“我们超市有自动监控设备，我们一起去看一看现场录像吧，这样，谁是谁非就很清楚了。”

中年妇女跟着他去了。录像表明：当中年妇女把50美元放到桌子上时，前面的一位客户顺手牵羊给拿走了。而这一情况，中年妇女、渥道夫都没注意到。

渥道夫说：“我们很同情你的遭遇。但是按照规定，钱交到收款员手上时，我们才承担责任。现在，请你付款吧。”

中年妇女的说话声音有点颤抖：“你们管理有缺陷，让我受到了屈辱，我不会再到你这个让我倒霉的超市购买商品了。”说完，她气冲冲地走了。

超市总经理吉拉德找渥道夫谈话：“我知道你心里很不好受。因为我要辞退你，一些人还说我不近人情。”

渥道夫很委屈地说："不是。"

吉拉德说："她被我们超市人员当做一个无赖请到保安监控室看录像，是不是让她的自尊心受到了伤害？还有，她内心不快，会不会向她的家人、亲朋诉说，她的亲人、好友听到她的诉说后，会不会对我们超市也产生反感心理？"

面对一系列提问，渥道夫都一一说"是"。

吉拉德说："那位中年妇女会不会再来我们超市购买商品？像我们这样的超市在我们这座城市有很多，所有知道那位中年妇女遭遇的她的亲人会不会来我们超市购买商品？"

渥道夫说："不会。"

"问题就在这里，"吉拉德递给渥道夫一个计算器，然后说，"据专家测算，每位客户身后大约有250名亲朋好友，所以一位客户对我们有意见，我们将会失去几十名、数百名，甚至更多的潜在客户，而善待每一位客户，则会产生同样大的正效应。假设一个人每周到商店里购买20美元的商品，那么气走一个客户，这个商店在一年之中会有多少损失呢？"

几分钟后，渥道夫就计算出了答案，他说："这个商店会失去几万甚至上百万美元的生意。"

吉拉德说："这可不是个小数字。虽然只是理论测算，与实际运作有点出入，但任何一个高明的商家都不能不考虑这一问题。那位中年妇女被我们气走了，至今我们还不知道她姓什么、家住哪里，因此无法向她赔礼道歉，挽回这一损失。为了教育超市营业人员善待每一位客户，所以做出了辞退你的决定。请你不要以为我的这一决定是对你乱加罪名。"

渥道夫说："我不会这么认为，您的这一决定是对的。通过与您谈心，使我明白了您为什么要辞退我，我会拥护您的决定。可是我还有一个疑问，就是遇到这样的事件，我应该怎么去处理？"

吉拉德说："很简单，你只要改变一下说话的方式就可。你可以这样说：'尊敬的女士，我忘了把您交给我的钱放到哪里去了，我们一起去看一下录像好吗？'你把'过错'揽到你的身上，就不会伤害她的自尊心。在弄清楚事实真相后，你还应该安慰她、帮助她。要知道，我们是依赖客户生存的商店，不是明辨是非的法庭呀！怎样与客户打交道，是我们的重要课题。”

渥道夫说：“与您一席谈，胜读十年书。谢谢您对我的教诲。”

吉拉德说：“你是一个工作勤恳、悟性很高的员工。若干年后，你会明白我的这一决定不只对超市有好处，而且对你有益处。按照我们超市的规定，辞退一名员工是要多付半年工资作为补偿的。如果半年后，你还没有找到合适的工作，那么你再来我们超市。我们是欢迎你的。”

渥道夫，这个20多岁的青年，无限感慨地离开吉拉德和他的这家超市。以后，他没有再回到这家超市，他筹集了一些资金，干起了旅馆。10年时间过去了，渥道夫已拥有了上亿美元的个人资产。

一次集会上，渥道夫和吉拉德不期而遇。他紧握着吉拉德的双手说：“感谢您传授给我宝贵的经营诀窍，它使我取得了今天的成绩。”

吉拉德说:“你说这，让我感到迷惑了。我好像没有向你传授什么诀窍啊。”

渥道夫说：“10年前那次长谈，您已经间接说出了您的经营要决，就是让每一个客户满意地离开商家。”

吉拉德说：“你真是一位聪慧的人，要知道这可是我的经营秘诀——秘不外传呀。”

随即，两人哈哈大笑起来。这天，他们谈得很开心。他们都是依靠同一秘诀，干出了辉煌的业绩。

让客户满意——这就是两位亿万富翁的经营秘诀。这个经营秘诀，看似简单，其实要真正做到却不是一件容易的事。

客户满意（Customer Satisfaction，简称CS），是指客户对一件产品满足其需要的绩效（Perceived Performance）与期望（Expectations）进行比较所形成的感觉状态。

在传统的观念中，只有现金、银行存款、厂房设备、股票债券等是企业的资产。随着科技的发展，技术、人才也开始被视为企业的资产。而在现代营销中，众多的企业开始将客户视为自己的重要资产，不断采取多种方式来留住老客户，发展新客户，而留住新老客户的高招就是使客户满意。让客户满意已经成为营销的最终目标。

20 世纪 90 年代，正当国内企业纷纷导入 CI（企业形象识别）设计时，日、美等发达国家代之而起的是与 CI 思想与方法颇为不同的 CS 营销（客户满意营销），其核心思想是企业的全部经营活动都要从满足客户的需要出发，以提供满足客户需要的产品或服务为企业的责任和义务，以满足客户需要、使客户满意为企业的经营目的。在美国，从汽车业到旅游服务业现在都已开始发布客户满意度排行榜。在日本，据经济报业集团最新研究显示，提供客户满意的产品或服务，已经成了未来日本企业最重要的优先考虑的问题，许多大企业，无论是电子、汽车还是旅游业，都加强了他们的客户满意职能。

CS 营销战略把客户满意所引发的对企业的信任和忠诚视作企业最重要的资产。CS 营销开辟了企业市场营销的新视野、新观念和新方法，已被国外企业界看做是增强市场竞争能力、塑造良好企业形象的主要武器。

满意的客户对企业的发展有着巨大的意义，一个高度满意的客户往往会：

较长期地忠诚于企业；

购买企业更多的新产品和提高购买产品的等级；

为企业和它的产品说好话；

忽视竞争品牌和广告，对价格不敏感；

向企业提出产品或服务建议。

研究表明，如果客户不满意，他们会将其不满告诉 20 多人，除非是独家经营，否则该客户不会重复购买该企业的任何产品；如果客户满意，他会将满意告诉 8 个人，但该客户未必会重复购买，因为其他竞争者可能提供性能更好、更便宜的产品；但如果客户高度满意，他会将高度满意告诉 10 多个人，该客户肯定会重复购买，即使与竞争者相比企业的产品其实并没有什么优势。因此，高度满意才能带来客户忠诚，才能带来企业利润。企业应将客户高度满意作为自己的最高追求目标。

PART

第九章

9

决策管理——决定企业经营成败

准备是快速决策的重要因素

南方有一家经营橡胶制品的公司，公司管理者认为要想把公司产品很快推广开来，占有市场，必须先到一些风水好的地方推广，这样可以图个吉利。没想到，事实正好与他们说的相反，因为这种营销策略只是碰运气而已。碰运气式的营销不可能长久，这已经是不需要争论的事实。不久，公司换了一位管理者，他是一位敢于大胆决策、懂得管理的年轻人，他立即制定了包括广告、促销、反馈等在内的营销决策，结果不到 1 年，就给公司创造了 8000 万元的利润。

实际上，决策是企业管理者责任心和胆量的表现，假如对企业没有责任感，任何决策都会可有可无，碰运气可能会使一次决策成功，但不能次次成功，更多的可能是失败。

做决策除了要准备充分之外，还要该果断的时候就果断，千万别犹豫不决，要讲时效，不能拖延，即该拍板就拍板，万万不可磨蹭。

果断决策不但需要魄力和勇气，还需要高超的技巧。没有技巧的果断无法得到下属完全信服，更不能得到真正地贯彻执行。所以，管理者要想做到果断决策，必须克服下面五大障碍。

1. 要求永远正确

当你拒绝承认自己的错误时，通常都会把事情弄得更糟。承认你错了并不等于承认你愚蠢，可是，当你明知自己错了而又不想改变主意，固执地坚持自己的错误，这就是愚蠢的表现了。

另外，你的决策是建立在坚实的事实基础之上的，而不是建立在你的感觉之上的。如果你不能把客观事实和主观意见分开，你就会有各种各样的烦恼。

2. 不了解足够的情况就匆匆地做出决定

缺乏对情况的足够了解往往会做出错误的决定。诚然，有的时候你不可能得到你所需要的全部事实。但你必须运用你以往的经验、良好的判断力和常识性知识做出一个符合逻辑的决定。但是为图省事而不去收集可供参考的各种事实，那就不可原谅。

除此之外，也有很多人不敢大胆地说出自己的心里话，这是因为他们害怕别人可能有什么想法，更怕遭到别人的议论。他们犹豫不敢宣布他们的决定的主要原因是害怕别人批评，这就是说他们需要别人认为他们好，不能认为他们不好。

3. 害怕承担责任

对于有些人来说，一个决定不是一个选择而是道坚固的墙壁，那将使他们做任何事情都会感到软弱无力，这是与害怕失败相联系着的，多数心理学家认为，这是商人走向成功的最大障碍。

有些管理者总以为，决策是好是坏是一件说不清的事情，关键还要看运气如何。假如碰到好运气，决策可能就会带来一些利益；假如运气不好，决策可能就失灵了。有些公司管理者不惜重金，到处求神拜佛，目的是为公司求个好运，其实，这是非常荒谬的，是一种宿命论。公司决策是由人来制定和执行的，而不是由上天赐给的。讲运气，那是小看了自己的决策本领。

利用优选法来做决策

任何决策，都不可能是绝对圆满的，总有利有弊，关键要做到：两利取其重，两弊取其轻。这叫决策的优选法，也是公司总经理在做决策时必须注意的法则。做决策，不是个轻率的行为，需要果断下决心，同时也一定要谨慎。总经理应当善于比较各种决策方案，从中找到一个比较理想的决策方案，否则就会担当太大的风险。

决策是总经理确定目标和达到目标途径的选择过程，而目标和达到目标的途径就是决策方案。在决策过程中，常常存在多种方案，而并不是只有一种方案。方案制定过程也就是决策方案的选择过程。

一般地讲，任何一个决策方案，都不能使人们达到百分之百的满意。满意是相对的，不满意是绝对的。满意中有不满意的方面，不满意中也有满意的方面，绝对的满意是不存在的。就一项决策而言，如能达到相对满意——利大于弊就算可以了。这是因为，从客观上讲，决策因素众多，而且相互联系相互制约，并且经常发生这样或那样的变化；从主观上讲，受决策者自身能力限制，对决策因素及其相互联系的认识不可能是全面的、彻底的，总会有一些联系及其规律没有被认识。这就决定了完全反映客观实际的决策方案是不存在的。另外，各种决策方案本身也都总是有利有弊，利弊共存的，既有有利的一面，也有不利的一面；既有得，又有失。完全是利或完全是弊，完全是得或完全是失的方案是没有的。

没有百分之百满意的决策方案，并不意味着我们可以选择那些不满意的决策方案。各种方案虽都各有利弊，但利弊大小却是不同的，有些方案利大弊小，有些方案弊大利小，有些方案利大弊也大，有些方案弊小利也小。这就需要决策者要善于运用综合分析方法，对各种方案进行综合分析、评价和比较，看一看哪种方案利最大，哪种方案弊最小，坚持“两利取其重，两弊取其轻”的原则，筛选出比较满意的决策方案。

在实践中，一些总经理在选择决策方案时，常常容易犯两种极端性错误：一是片面认为决策方案应是最佳方案，不是最佳方案就不能选择。当然，最佳决策方案是最理想方案，能选择这样的方案最好。但是，受主观和客观条件的制约，在一定时期一定条件下选择出最佳方案总是困难的，甚至是不可能的。公司决策的及时性要求使总经理来不及在决策方案选择上兜圈子。那样的话，不仅选择不到最佳方案，甚至连比较满意的决策方案都可能失去机会。二是片面认为，既然难以选择出最佳方案来，那么，随意选择一个决策方案就算了，从而降低决策方案的科学性。这样，使得一些公司决策成本提高，而决策效益降低，甚至导致决策失误。

在公司决策中，总经理既要看到没有百分之百满意的方案，又不能随意降低方案的科学性，要善于对多种决策方案进行综合分析，比较评价，按照择优原则选择比较满意的方案。

从全局利益出发

决策所解决的问题大都是多因素问题，解决多因素问题必然涉及局部与整体的关系。实践证明，这种关系处理得好与坏，对企业生产经营活动将产生直接影响。因此，在企业决策过程中妥善处理局部与整体的关系，是企业管理者面临的一项重要任务。

制定决策首先要从整体出发，充分考虑和维护全局利益。这是因为，企业是一个系统，它由若干子系统构成。企业作为一个独立系统，有自己的系统目标，同时，组成企业系统的各个子系统，也都有自己的系统目标。企业系统目标与子系统目标的关系，是大目标和小目标、根本目标和从属目标的关系。这就决定了二者首先应该是统一的，只有这样，才能保证企业正常、有效地运转起来，进而才能实现企业目标。

企业在生产经营活动过程中，受许多因素的影响，企业目标与部门目标有时会发生不一致、不协调，甚至相互对抗情况。这主要表现在部门决策与企业决策缺乏一致的客观基础，导致部门决策与企业决策相矛盾。这种情况虽然不是经常发生，但一旦发生，对企业生产经营造成的影响的确是很大的，它必然打乱企业系统有效运转，使企业系统出现紊乱，分散企业凝聚力，最终导致企业目标难以实现。

这种非经常出现的企业整体与局部的不协调，对企业经营显然是非常不利的。解决这一问题，仅靠运行过程的经常校正和强制约束显然是不够的。从根本上讲，就是要在企业决策过程中，妥善处理好企业整体与局部的关系，从整体出发来制定企业决策。这是因为，企业决策需要解决的问题很多，决策涉及的因素也很多。理论与实践均表明，解决这样一个多因素问题，做到面面俱到、事事周全、毫无遗漏地将各种因素都考虑进去，将各种问题都能使各方彼此满意地解决，实际上是不可能的。更何况，在企业运行的不同时期、不同阶段上，企业面临的任务、所处的环境会有区别，所解决的问题和影响问题的因素也会不断变化。在决策过程中，始终需要把握住企业基本方向和基本目标，统揽全局，统一考虑，从企业整体着眼，综合分析企业问题和影响因素，而不能孤立地去研究企业中的某些问题，简单地分析影响因素。如果那样的话，就会出现从局部看是合理的，而从整体看又是不合理的情况，从而导致企业内部运转发生不协调，企业基本目标的实现受到不利的影响。

强调在企业决策过程中的整体和全局观点，并不意味着可以不考虑局部。事实上，局部是整体或全局的基础。没有局部，也就没有整体，忽视了局部，整体也必然受到了不利影响。

特别是有些问题，局部直接决定着整体的状况和效果。所谓“木桶原理”，讲的就是这种情况。木桶盛水量的多少，取决于其最短的那块木板。同样，一个企业的整体效益大小，往往取决于“卡脖子”的那个环节或“短线”的那个方面，如原材料供应、产品销售环节等。“卡脖子”或“短线”问题解决了，整体效益状况就会改观。因此，在决策过程中，在坚持整体性前提下，还必须适当考虑局部影响，对局部问题和局部因素也应放在整体过程中去分析、研究，使局部问题的解决力求达到整体性效果。

管理者不能急功近利，盯住一点局部的小利益就心动，而要有整体观念，从大局入手，看清利弊关系。在管理者决策时，这叫不要戴上“显微镜”，而要拿着“放大镜”。总的来说就是，大处着眼，小处入手。

注意分清事情的轻重缓急

很多管理者做决策时，往往出现或者眉毛胡子一把抓，或者将非主要矛盾当做主要矛盾来处理的情况。这样，不仅耗费了大量人财物力，更重要的是不能及时解决企业工作中遇到的急需解决的问题，给企业经营造成不利影响。

轻者当缓，重者当急，关键决策，由于和企业生死攸关，更是一刻也不能忽视。

做决策，必须有主次，不能眉毛胡子一把抓，否则就会什么都抓不住，企业也无效益可谈。

和做任何事情一样，企业决策也要有轻重缓急，这是企业管理者应当把握住的问题。

企业活动是非常复杂的，它涉及企业的内部条件，也涉及企业外部因素，这就决定了它需要解决的是如何使企业内部活动达到与外部环境平衡的众多问题。

企业活动中的问题，大都需要通过决策来解决。事实上，每一次解决问题的过程，也就是一次决策的过程。企业活动的复杂性、多变性，决定了企业需要解决的问题不是单一的：有生产经营问题，也有企业管理问题；有思维方式问题，也有技术问题；有内部协调问题，也有外部公关问题。总之，需要解决的问题很多。

一般而言，尽管企业在经营中要遇到并需要解决许多问题，但在不同时期和不同场合，总会有一些问题是主要的，而且又是当前急需解决的；而另一些问题则是次要的，是当前不急需解决的。在决策过程中，对企业面临的许多问题，应运用矛盾分析方法进行仔细分析、研究，分清问题的主次和轻重缓急，有计划、有步骤地集中力量解决那些急需解决的问题。这样，就抓住了主要矛盾，抓住了问题的关键，并带动次要问题的解决，带动全局的发展。

为了在企业决策过程中抓住主要矛盾，就需要对企业在一定时期面临的各种问题进行分析。

（1）结合企业在某一时期的经营状况，研究确定企业面临的各种问题；

（2）对各种问题进行分类排队，通过比较找出对企业经营影响最大的、最主要的问题；

（3）根据主要问题，研究制定对策，这是确定决策问题的一般过程。

由于企业经营活动是连续不断地进行的，在这一过程中会不断出现新问题。因此，原先确定的决策问题随着时间及其他条件的变化，有可能被其他新问题所取代，而降至次要矛盾地位，其他新问题上升为主要矛盾。充分认识到这一点，对企业决策者来讲是非常重要的。

事实上，决策本身既是一件硬性工作，也是一件弹性工作，但不能固执行事，应该采取灵活的方法，控制好决策的过程，该先就先，该后就后。做点弹性处理也是管理者的智慧所在。

做出正确决策的方法

如果你想提高你的决断能力，那你就必须有勇气，还得有真才实学。你必须善于研究和分析问题，抓住事物的本质，必须对当时的形势做出迅速而准确的评价，只有这样，才可能做出正确、明智、及时的决策。

在条件极其不利的情况下，你必须具备运用正确的逻辑推理、运用常识和运用分析判断能力，这样，才能迅速地确定应该采取什么样的行动，才不至于失去转瞬即逝的大好机会，除此之外，你还需要有相当的预见能力，以便能够预见在你的决策实施以后可能发生的情况和反应。当形势需要对你原来的计划进行修改的时候，你要采取迅速的行动对原决策做必要的修改，这样会加强你下属对你的信心。

当你确定有些工作可以由下属来做的时候，你就可以把它们分配出去，不要再去费心考虑它们。对于那些留下来的必须由你本人亲自处理的事情，你也得分出主次和先后。

一旦你已决定要做什么事情，那你下一步要做的就是制订一个详细的计划和下达命令，如果你想达到预期的结果，你的计划必须切实可行。

明确的任务必须分派专人去处理，各种供应的物质和设备必须齐备。为了确保最大限度的合作，每个人和每个部门的积极性都必须充分调动起来。为了推动中间环节的进行速度，最后期限必须明确地定下来。

总而言之，这个执行计划必须能回答如下问题：

（1）为什么这项工作必须做?

（2）什么工作必须做?

（3）谁来做?

（4）在什么时候，在什么地方去做?

（5）将如何去完成这项工作?

当你认为计划做得比较充分之后，下一步要做的就是向你的下属发布口头指令或者书面指令。你的指令必须清楚准确，不能让人有任何误解。制订计划和发布指令都是工作的关键，也是作为总经理责任的主要部分。如果你想具备驾驭下属的能力，以上这些是一种必备的能力。当你掌握了上述技巧的时候，你就具备了及时做出正确决策的能力。

将决策贯彻到底

若下属能够依照你的意愿而完成所赋予的任务，就没有问题。但是在现实生活中，并非一切皆如此顺利。相信你一定有过因遇到障碍而无法完成工作目标的经历。

无法达到预期的营业额、经费超出预算、拿不到预约的原料、无法在约定期限内交货、无法回收成本，诸如此类的情况，相信你经常碰到。或许你也可能听过下属的埋怨:“这很难办呀。”“请再多宽限几天。”“我已经尽力了。”你应该如何处理呢?

基本的原则是，你不可轻易地向下属妥协。虽然达到目标并非易事，然而若每次皆延迟进度，重新修正，最后任务的内容就变得含糊不清。

即使对下属有些过意不去，你仍须坚定地重复你的命令。你需要大声地激励下属：“不要净说些丧气的话，努力去做看看！”做一个可以对下属说出很有哲理话的上司，这不也是一种自我满足吗?

企业的工作包罗万象，并且各具特色，我们无法一概而论，但现今的上班族似乎缺乏工作时的最后冲刺力。

每个人都有能力把工作做好，企业里也有很多有能力的优秀员工，而且很多业务都已电脑化，所以大部分的任务皆能达到一定的成果。

但也有许多任务，只因一点小差错便产生了天壤之别的效果。或许你经常后悔，如果当时再叮咛下属的话，他就能够和对方签约了；或者你再唠叨一点，下属就能与想见的人见面了。

下指令时，管理者必须大略预测一下未来的情势。遇到此种状况时要如此做，演变成那样时则需要那么做。在最后的阶段时更需用心，详细地指示员工，如此就比较不易出问题。

我们经常听到有人主张，下指令要简洁，若因此而产生错误，岂不是白忙了一场，故应该改为下指令要详尽，不给听者留下退路。

详细地说明指令的内容不会有任何坏处。虽然有人认为："一旦全部委托下属，就不要横加干涉。"但若拘泥于此，可能会失败。你必须在适当的时机，对下属不厌其烦地叮咛、确认、监督、激励，有时甚至需要伸出援手。或许下属会觉得厌烦，你也无须太在意。

当然，换一个角度看问题，如果管理者太过热心地叮嘱，太过于督导下属，也会产生问题。

在完美主义管理者手下工作的人比较辛苦，而且有时压力也会重得让你承受不了。不过，也许你会认为这是一个新趋势。

你是要锲而不舍地追求，抑或就此紧急煞车？是坚持己见，或是与对方妥协？若选择与对方妥协，妥协的极限又在哪里？诸如以上情况的判断，都是牵一发而动全身的。

判断也会因内容的不同而有所变化。我们无法提出一个总体的结论，建议在所有的情况下，都必须考虑一个基本原则，那就是以员工的观点来考虑，不要只顾追求企业的利益。由于业务的扩展而造成了刑事责任的追究，并且失去了员工的信赖，类似这种企业的消息时有出现在报纸上。你必须牢记，员工若得不到幸福，企业就不可能兴盛。

另外一个原则是，企业的目标必须以完成社会的正义为宗旨，简单地说，就是对社会要有所贡献。

一家企业若只以赢利为目的，员工会自甘堕落，你与你的员工就会在这家企业里虚度岁月了。很多时候,企业经营不善就是因为决策得不到贯彻,总是有人接二连三地提出各种各样的问题，质疑先前已经确定下来的决定。在这里，我们并不是提倡管理者“把头埋进沙子里”，对已经做出的决定不闻不问，一味执行。你确实需要过一段时间回头看看那些已经确定了的决定是不是正确的，而不是一直向前进。每一次当你对已经做出的决定犹疑不决时，你也同时在自己员工的心里制造了一种困惑，因此他们也会跟着你总是摇摆不定，沿一条曲折的路前进，不仅这样，他们还会觉得你简直就是在浪费时间。如果你一直是这样优柔寡断、犹豫不决，肯定会导致你的团队不是立即执行你的决定，而是等到他们认为你再也不会改变主意时，才真的去执行。

PART

第十章

10

谈判管理——为自己争取最大的利润空间

用谦虚态度听取反对意见

每次谈判都有令人满意和不满意的因素，双方总会有一些需要克服的不同意见。只有用正当的理由，说服对方，谈判才会取得成功。

应对不同意见，并最后说服对方同意你的观点，这是谈判中一件极端艰苦的事情。这里要把两种情况区别开，并采取不同的方法解决。

（1）假若对方的意见是针对你的产品或服务中的缺点，这就不要多解释，要倾听这些意见，显示出你了解他们所说的内容，并切实地改进这些缺点。虚心听取意见的办法，是无声的说服，使对方最终同意你的观点，并在合同上签字。

（2）假若是利益协调的问题，在虚心听取意见之后，可以搜集更多的直观资料，让对方充分了解实际情况。用资料去说服对方，比千言万语更有力量。

听取不同意见，不是无原则地迁就，而是表现出改进工作的诚意，反映不断提高工作水平的要求。

谈判中常有许多容易说服对方达成协议的因素，也有一些难于说服的因素，影响谈判的成功，所以要使用说服技巧，让谈判取得成功。主要做法如下：

（1）在谈判开始时，首先选择容易统一观点的问题进行谈判，促使达成协议。然后再讨论容易引起争论的问题。

（2）如果有两个信息传给对方，应该先传递能引起对方好奇并感兴趣的信息，这个信息不能带有威胁性，否则对方就不能接受了。

（3）伺机传递信息给对方，影响对方的观点，进而影响谈判的结果。

（4）若能巧妙地把已解决和未解决的问题放在一起讨论，较有希望说服对方，从而达成协议。

（5）强调彼此双方处境相同，比强调双方彼此处境相异，更能说服对方，消除意见分歧。

（6）说明一个问题的两面，比仅仅说出一面，更能说服对方。

（7）探索对方的期望，并把己方的期望传递过去，就有希望使认识一致。

（8）重复地说明一个消息，让对方完整而深入地了解，容易为对方所接受。

在谈判中会经常出现各种不同的甚至对立的观点，说服对方，实质上是使他赞成你的观点。如果把这件工作做好，谈判就会更成功。

谈判中的四大秘诀

要想谈判成功，一定要满足谈判双方的欲望和心理价位。不妨在谈判中给对方一个好的感觉。

当谈判正式开始后，双方见面的短暂接触对谈判气氛的形成具有关键性作用。那么，如何营造良好的谈判氛围呢？

1. 恰到好处地寒暄

谈谈大家都有兴趣的话题；点到为止地谈点私人问题；与对方开个玩笑，如果你们认识的话。

2. 人可以貌相

打开你的心灵之窗——眼睛；适当的手势语言可以化繁为简；全身放松，动作自然得体。

3. 避免谈判开头的慌张和混乱

宁肯站着谈判，因为那样会更轻松、更自由、更灵活；做好充分的准备，战略上藐视对手，战术上重视对手；凝神、坦然地直视对方；轻快入题。

4. 调整、确定合适的语速

谈判切忌滔滔不绝，那会给人厌烦的感觉；也不可慢条斯理，倒人胃口；不要让自己无话可说；在你说的过程中察言观色，捕捉信息。

在谈判中，气氛并不是一成不变的。本来轻松和谐的气氛可以因为双方在实质性问题上的争执而突然变得紧张，甚至“剑拔弩张”，一步就跨入谈判破裂的边缘。这时双方面临最急迫的问题不是继续争个“鱼死网破”，而是应尽快缓和这种紧张的气氛。此时诙谐幽默无疑是最好的武器。

某机器销售商对其买主说：“贵方是我公司的老客户了，因此，对于贵方，我们理当给予优惠照顾。现在我们已获悉，在年底之前，我公司销售的这类设备要涨价。为了不使老朋友在价格上遭受不必要的损失，我方建议假如你方打算订购这批设备，在半年到一年内交货，就可以趁目前价格尚未上涨之时，在订货合同上将价格条款确定下来，那么这份合同就有保值的作用，不知贵方意下如何？”

如果此时该产品市价确实有可能上涨，那么这番话就很有诱惑力，对方绝对会倾耳细听，并做短暂考虑。

见到买主犹豫不决，这位销售商又补充道：“如若此事早日定下来，对于卖方妥善安排投产、确保准时交货是有利的。”

买主仍有些踌躇不定。“我们可以随时撤销合同，当然必须提前3个月通知，我方对供货另做安排。”销售商又加上一道保险。

此时买主还能说什么呢？便同意签订合同了。

美国商业谈判专家荷伯·科恩在其《人生与谈判》一书中追忆了他在两年前初次与日本商人谈判时，因缺乏经验被对方击败的情形：

上司决定派我到日本去谈笔生意，我太高兴了，兴奋地对自己说，“这可是展现自己才华的一次好机会。命运在召唤我，我要扫清这个障碍，然后向国际进军。

一周之后，我乘上去日本东京的飞机，参加为期 14 天的谈判。我带了所有关于日本人精神和心理的书籍，一直对自己说“我一定会干好。”

飞机在东京着陆了，我小跑着到了舷梯。下面两个日本人迎接我，向我客气地躬身行礼，我喜欢这个。

两个日本人帮我通过海关，然后陪同我坐上一辆大型豪华卧车。我舒服地倚在绵绒座背上，他们则笔直地坐在两张折叠椅上。我大大咧咧地说：“你们为什么不跟我一样，后面有的是地方。”

“噢，您是重要人物，显然您需要休息。”我又喜欢这个。

在途中，其中一位主人问道：“请问您懂日语吗？”

不懂，不过我打算学几句，我还带来了字典。

他的同伴又问我：“您是否关心您返回去的乘机时间？我可以安排车子去送您。”

我心里想，多能体贴人呀。

我从口袋里掏出返程机票给他们看，好让他们知道什么时候送我回机场。当时我并不知道他们就此知道了我的截止日期，而我却不知道他们的截止日期。

以后的日子里，他们没有立即谈判，而是先让我领略了一下日本的文化。我的旅游花了整整一周时间。

每当我要求谈判时，他们就说：“有的是时间，有的是时间。”每晚有 4 个小时，他们让我坐在硬木板铺上进行晚餐和欣赏节目。你能想到在硬木板上蹭这么久是什么滋味。而每当我要求谈判时，他们就说：“有的是时间。”

到了第 12 天，谈判总算开始了，但又提前结束了，为的是去打高尔夫球。第 13 天开始了，又提前结束，因为要举行告别宴会。最后的一天，我们恢复了认真的谈判。正当我们深入到问题的核心时，卧车开来接我去机场。我们全部挤入车里，继续谈判。

谈判以失败而告终。由于日本人知道了我的谈判截止时间，先搞好公共关系，投我所好，而把正式谈判压缩到仅一天时间，给我造成很大时间压力，为完成上司的任务我不得不草草签订协议。

谈判不是打嘴仗，而是比拼心理。为了达到自己的谈判目的，总经理就应该掌握一些谈判技巧，使自己在与对方较量、周旋中占据上风。

商业谈判要适当让步

假如你是个业务员，你的上司指示你在与客户谈判时不能做出任何让步，同时还要你尽可能做到让客户满意。这项指示乍听之下，简直是天方夜谭，但是真正做起来，也并非不可能。

以下这些方法，你可以一试：

（1）专心聆听对方的谈话。

（2）尽可能向对方提供合理的解释。

（3）你所说的话，要能够得到证明。

（4）尽量拉长谈话的时间，别怕谈话内容重复。

（5）对客户礼貌周到，态度良好。

（6）让客户意识到，他所受的待遇是很高的。

（7）反复不断地向客户说明，他绝对可以信赖这笔生意所提供的永久保证。

（8）向客户询问，为什么其他买主也做了同样的选择。

（9）让客户自己查明某些事情。

（10）如果日后有任何事情需要处理，你绝对负责到底。

（11）请公司的管理者出面向客户提供有关商品品质及服务方面的保证。

（12）向客户提供这些产品或市场的信息。

在《威尼斯商人》一剧中，莎士比亚曾写道：“一分代价，一分满意。”的确，恰到好处的让步，确实有助于提升客户对你的满意程度。

到底有没有所谓“理想的让步模式”呢？从资料上看，也可以找出一些佐证。下面几点值得注意：

（1）提出极少条件的买家要比完全不提条件的买家来得有利。

（2）假若买家出手阔绰、大举让步，这会刺激卖方对谈判的期望值。

（3）假若卖方对谈判期望值不高，那实际结果也会如此。

（4）每次以小幅度让步的人较为有利。

（5）在主要议题上率先做出让步的人八成会是输家。

（6）最后期限会迫使双方不得不迅速做出决定、达成协议。

（7）仓促的谈判，对买卖双方都不是好事。

（8）在谈判中，你做出了一次最大的让步，你便占不到便宜。

（9）给自己留够谈判空间。如果你是卖方，尽可把售价提高；如果你是买方，尽可能把开价压低。但是事先应替自己想好“定价”的理由。

（10）先让对方提出要求，把他的要求放到桌面上，至于自己的条件可暂且不表露。

（11）促使对方先在主要议题上做出让步，而你则先在次要议题上做些让步。

（12）尽可能满足对方提出的要求，谁也不愿意一无所获。

（13）不要过早做出让步，因为让对方等待的时间愈长，他就愈会珍惜。

（14）不要报复性地让步，如果对方出价60元，你出40元，对方说：“咱们把差价分了吧！你完全可以回答：“我负担不起。”

（15）每次让步，必须有所得。

（16）看清没有损失的话，可以让步。

（17）记住：“我会考虑”也是一种让步。

（18）搞不到一顿晚饭，搞到一个三明治也好；搞不到一个三明治，搞到一句承诺也行，承诺是打了折扣的让步。

（19）不要拿钱开玩笑，每个让步都有可能损失掉一大笔钱。

（20）很多人都有不好意思开口说“不”的短处。事实上，如果你不断地说“不”，别人就会相信你是认真的。

（21）不要因让步而乱了阵脚。

（22）已经做的让步还是可以收回的，毕竟谈判最后所达成的协议才是结果，而非中途的一点共识。

（23）不要让步太早或太大，这样会助长对方的气势，因此，要特别小心你让步的数量、比例，以及转变的程度。

卖方对买方所做让步会有怎样的反应，主要在于让步的情况。如果让步的幅度一下子很大，未见得能令买方完全满意，反而会使对方提出更进一步的要求。总之，我们所说的话、所表现的行为都有可能影响对方的语言、行为，反之亦然，这是一种连锁性反应。

因此，卖方在做出让步之前，应当先自问："如果我做此让步，那我下一步该怎么办？还有，对方会采取什么行动呢？"这样的话，就可以帮助你从对方的角度分析让步可能造成的后果。

善用“拖”字诀的奥秘

在商务谈判中，暂停并不代表失败，而是在考验生意双方的决心和毅力，给彼此一个软化态度的机会。尤其是在双方都找到了台阶可下时，更是愿意互相妥协，做出让步，以谋求更满意的结果。

当然，暂停也有风险。有的心结就很难打开，有些僵局就无法突破，“暂”字没有用场，就只有真的喊“停”了。

很少有人会拒绝让对方作一次自己人之间的私下交谈。谈判进行了一段时间以后，可以暂停 5 ~ 10 分钟。在这期间，双方走出紧张的氛围，回顾一下谈判的进展情况，重新考虑自己在谈判中的地位，或者清醒一下头脑再进入商讨，这很有必要。

在整个谈判过程中，人的注意力总是在谈判开始时和快结束时高度集中，谈判之初大家精力十分充沛，但不会持续多长时间，这时候提出暂停的建议是会得到对方积极响应的。暂停是有积极意义的，它使双方有机会重新计划，甚至提出新的设想和方案，可以使双方在新的气氛下重新坐到一起，精力和注意力也能再次集中起来。

值得注意的是，如果你想用这种方式来取得进展的话，那么首先你必须确认在你愿意从你方立场上松动一下的情况下，对方是否也愿意从他们的立场上松动。如果不是这样的话，你将发现对方的力量有所增强，你则因为让步大败而归。因此，在你提出暂停时，你必须确知对方已经保证在复会时将有所动作。不要怕喊暂停，关键时刻该喊就喊，毫不迟疑。

买主和卖主并不总是想通过谈判来达成协议的。有些谈判是要抢先于对方做出决定或拖延对方对已方不希望有的行动。

有些买主主动与一家卖主谈生意，仅仅是想先占据他的库存，与此同时再到别处寻找更低的价格。一些已经在时间—材料或者成本—加价基础上做工作的卖主，有意拖延达成定价协议，因为他们知道以后签约更有利。

“不想成交”的谈判是讨价还价的一部分。尽管常常是不道德的，但也不总是这样。下面是一些能利用这一战术实现目的的情况：

（1）用以影响别处的谈判。

（2）为后来真正谈判打下基础。

（3）为别人打下谈判基础。

（4）占用产量或库存。

（5）搜寻信息。

（6）拖延不希望有的决定或行动。

（7）边谈边寻找其他方案。

（8）拖延时间以便让公众或第三方参与。

（9）表示妥协的愿望（有时根本没有这样的妥协）。

（10）转移注意力。

谈判者要想在谈判桌上取得成功，就必须安下心来，不急于求成，善用时间，掌握暂停的策略。因为，它能测出谈判对手对此的耐力和意志。但一般人对暂停却避之唯恐不及，好像很害怕似的，这实在很不应该。

正确面对谈判中的僵持

谈判一旦陷入僵持，对那些急性子的谈判者来说绝对是致命的。因此可以说，僵持战术是专门为急性子的谈判者设计的。原因是谈判只要陷入僵持，时间会无限制地延长，根本看不到结束的可能，这对那些想一鼓作气的谈判者无异于当头一棒。

僵持是谈判中最有力的战术之一，几乎没有什么东西能像它那样能有效地考验对方的力量和决心。而且不少人都像躲避瘟疫一样躲避僵持，因为害怕它。

有心理学家把僵持比作疏远。他告诉我们，人最害怕的事情之一是与别人隔离开来。人们为了避免破坏宝贵的关系而付出极大的努力，实验好像也证实人们宁可不顾事实，也不愿与同辈人有分歧。疏远和僵持都令人不快。

每一个人都在某些时候遇到过僵持，我们都体会到它是如何的不舒服。当我们开始一个希望达成协议的谈判时，僵持所留给我们的是一种失败的感觉，我们容易失去信心并对自己的判断产生疑问。“我们还应该通过其他方式来说些什么或做些什么吗？”“还有些什么别的让步应该采取吗？”“我们的上司会怎样看待这次僵持？”“我们应该接受最后那次报价吗？”“这种僵持会对我们的声誉带来影响吗？”诸如此类的问题在折磨着双方。

难怪管理者都怕僵持，特别是当他们在为大公司做事时更是这样。事实上一项坏的交易也比僵持容易向公司解释。如果把你自己放在买方或者放在推销员的地位，则很容易看出僵持并不对他们个人有利。承担风险或者多做些额外的工作不值得，从个人立场上看，这常常像是个愚蠢的举动。

僵持仅仅是谈判战术中的一种。它也像任何其他方案一样值得考虑，但它不总是合适的，也就像任何其他战术不总是合适的一样。没有管理背景的谈判者会对僵持抱犹豫态度，甚至该僵持时都不敢僵持。愿意敞开思想仔细考虑僵持问题的管理者，肯定能改进他的工作。

僵持之所以有力量，在于它对双方产生的作用，是对双方决心和力量的严峻考验。僵持之后，双方都会被软化，都更愿意相互妥协，特别是能找到一个保全面子的方法时更是这样。那些愿意去试一试僵持的人，会获得较好的结果。不过，正像我们大家都懂得的那样，僵持确实包含着风险，僵持不能被解开，谈判将在“死”这个字眼上停止。

面对僵持，不要着急，要能忍人！

那些有耐心的谈判者，面对僵持并不害怕，虽然僵持多多少少对他们也会有一定影响，但显然要少得多。相反，聪明的谈判者还可以利用僵持，向被僵持搞得心慌意乱的谈判对手施加压力。

在商业谈判中，双方都希望能顺利地和对方达成协议，完成交易。但好事多磨，当遇到僵持时，如何应付它，利用它，使它变成争取成功的转机，就成为一个不可忽视的问题。

虽然人人都不喜欢僵持，但是别忘了，你的目的是为了通过谈判取得利益，取得谈判的成功，至于采用什么方式，就需随机应变了，当利用僵持有助于达到目的时，你倒不妨放开胆子一试了。

在僵持中的人容易产生沮丧心情的人，出现人性软弱的一面，信心动摇，甚至怀疑自己的判断能力，这是谈判者的大忌。而且这种时刻，别的竞争者只要再做点让步，就会抢走你的生意，于是僵持给予双方的压力就更大了。

在出现僵持的情况下，往往更能试探出对方的决心和诚意。

假如你冷静地判断对方是确有诚意要促成此交易，并希望打破僵持，那么你就可以适当采取一些积极的行动，稍作一点让步，或只是形式上的让步，都可以使对方看到你的诚意，情况就往往会出现转机，使对方的态度明显缓和。但要注意，假如你发现这僵持有可能是对方故意制造的，你稍作一丝让步便可以成为一个试探气球，如对方仍不松口，这时候你最好也能坚持下去，打他个持久战。

僵持如同其他战略一样，也是需要各方配合的，在没有上级支持的情况下，即使这种战略有效，谈判者也往往不愿冒这个险，因为差的合同也比僵持易于向上级交差。所以上级决策层应授命谈判人员使用这种战略，使他能够利用僵持而获胜。更重要的是让谈判者知道，绝不会因僵持的出现而引起对他谈判能力的怀疑。

总的来说，僵持的利用仍是一种置之死地而后生的策略，过于冒险。一旦出现僵持谈判就此僵住，怎样也打不开，就只好宣布谈判失败了。这恐怕是任何一方谈判者都不愿看到的结果。

只有善于利用僵持、把握僵持的人，才能最后胜出。

面对僵持和来自对手的咄咄逼人的压力，急性子的谈判者要想扭转局面，反败为胜，唯一的办法就是想办法打破僵持，使时间重新“动”起来。

许多谈判是因错误的原因而中断的。卖主有理由因价格太低而不与某人做交易，买主喜欢把僵持作为一种战术来达到他的目的。这都无可厚非。我们关心的是如何才能打破我们所不想有的僵持。

以下 14 种策略可以避开或打破僵持：

（1）改变收款的方式。较高的预付金，较短的支付期，甚至在总金额不变的情况下，采用另一种不同的现金流动，也会产生奇妙的结果；

（2）更换谈判小组成员或小组的领导者；

（3）变更不确定因素的时间顺序。例如把协议中的某个困难部分推迟到晚些时再进行谈判，那时已了解了更多的信息；

（4）善于共担风险。有分摊未知损失和收益的愿望，能够继续一场拖延下来的讨论；

（5）改变实施的时间进度；

（6）提出妥协的程序或保证来打破僵持；

（7）把讨价还价的重点从竞争转向合作。让双方工程师、操作人员以及管理人接触；

（8）改变合同的种类；

（9）改变百分比的基数。一个较大基数的较小百分数或者一个较小基数的较大百分数，可以使事情沿轨道继续进行下去；

（10）找一个协调的人；

（11）安排一次最高级会议或打一个“热线”电话；

（12）增加真的或显而易见的选择。提供未必能采用的选择，可能缓解紧张气氛，以利谈判的进行；

（13）对技术规格或条件做些变动；

（14）设立一个联合研究委员会。

谈判的中断不总是由大的举动或者什么大的经济问题而引起的。像人的个性差异、怕丢面子、组织中的麻烦、与管理人的关系不佳全然无力做出决定这类事都会致谈判中断。在设法打破僵持时必须考虑人的因素，不是说你要做什么，而是你怎样去做，这也许是最关键的。

打破僵持很可能牵一发而动全身，所以必须慎之又慎。

谈判需要巧妙收场

双方谈判，谈到什么地步可以告一段落了呢？按理说应该是彼此都认为对方已经没有可能再让步，继续努力已无济于事，因此，不再需要对方的任何信息，就到了最后决定的时刻了。

下最后决定，可能凭借的是事实或者直觉判断，与谈判宗旨无关，重要的是谈判双方对谈判的期望，以及结束谈判后的事宜。

提供以下 11 项技巧：

（1）表现出对“结束谈判”的积极态度，反复询问对方：“既然我们对所有的问题都已达成共识，何不现在就签协议呢？”

（2）在要求结束谈判时，话不必过多，以免忽略了对方的反应，同时，话太多也会让对方觉得你紧张或是情绪不稳定。

（3）反复询问对方，影响达成协议的问题何在。或许在对方的回答里，你能够找到解决问题的线索。

（4）反复告诉对方，达成协议是很明智的抉择，尽量把理由说得堂堂正正一点。

（5）不妨假定谈判已经达成协议。如果你是买方，准备一支笔记下协议要点，并询问对方支票开具的日期；如果你是卖方，询问买家货物该送往什么地方。

（6）和对方商量协议的具体内容，例如遣词用字、运送方式，以示谈判已在主要议题和价格上达成共识。

（7）以行动表示。业务人员开始填写订单，买方则给卖方购货凭证，并相互握手。行动可具体表达你对达成协议的诚意。

（8）强调如果达不成协议的话，可能带来一些损失。有些人可能对得到什么无动于衷，但却非常在意失去什么。如果你是买方，你可以告诉对方，你提供这么优厚的条件，这已经超越了你的权限，所以如果对方不马上决定的话，等一会领导来了，可能就没有什么话好说了，而且，老实说，还有很多人在排队等着这个千载难逢的机会呢。

（9）提供一项特别的优惠，诱使对方尽早结束谈判。比方说赠送折价券，允许分期付款，提供设备，等等。

（10）以讲故事的方式告诉对方，某某人就是因为错失达成协议的机会，使自己陷入痛苦的境地，从反面衬托出双方成交是件值得的事情。

（11）除非屡遭拒绝，否则不要随便放弃。有一位颇富名气的共同基金营业员曾经对人说过，他总是在被别人拒绝 7 次以后，才宣告放弃。

好的开始是成功的一半，而真正成功则是好的结束。

PART

第十一章

11

渠道管理——为产品架桥铺路

在有消费者的地方卖产品

进行渠道设计时一定要以消费者的需求作为依据，这样才能保证销售渠道通畅。美国的萨拉李公司在这方面做得非常好，可以说是针对消费者多渠道销售的典范。

根据美国全国针织业企业协会公布的统计数据，1993 年中，全美最畅销的紧身裤袜品牌是萨拉李公司的里耶戈牌产品，约占整个市场份额的 42%，紧跟其后的是恺撒—罗斯牌产品，占市场份额的 21.8%。

在里耶戈品牌和安得奥品牌销售中，萨拉李公司的渠道策略可以用这样一句话来概括："消费者去哪儿买，产品就在哪儿卖。"通过其里耶戈和汉兹分部，萨拉李公司一年能销出 10 亿美元的产品。在 20 世纪 70 年代初期，里耶戈就已成为紧身裤袜的领导品牌，称霸于杂货店等零售商店。在那之前，几乎所有的紧身裤袜都是在折扣百货店、传统百货店以及服装专卖店里销售。

在安得奥品牌的营销上，萨拉李公司也采取了类似的渠道策略。对于女性热衷于在折扣店内购买针织品的趋势，萨拉李公司紧随不放。最初，安得奥产品只是在百货公司之类的大型零售商店销售。1978 年，萨拉李公司首次将安得奥产品投入凯马特及其他折扣商店销售。到了 1985 年，安得奥彻底离开了传统的百货商店，进入了新阶段；1988 年，将安得奥系列转到了里耶戈公司经营。在这里，安得奥被分销到了杂货店之类的大众零售商店那里。

尽管里耶戈和安得奥两类品牌产品是在同一渠道销售的，但是萨拉李公司精心策划使两者互不混淆而各具特色。每一品牌都有自己的包装，如果在同一店铺展示时也是互不相同，价格策略也不一样。对里耶戈产品来说，无论其包装策略还是广告策略也都与安得奥截然不同，公司发言人对此解释说：

“我们之所以改变，是因为销售的潜力在第二类渠道中更好地增长，而这一改变之所以成功，是因为有里耶戈的成功先例在那里。”

萨拉李公司在里耶戈和安得奥品牌上的渠道策略是以通过自助式推销来为消费者提供大量便利为基础的。其子公司的策略使得追求时尚的消费者深受其益。萨拉李公司的这种多渠道营销策略堪称典范，这种策略让萨拉李公司可以使市场覆盖率最大化，并能吸引多个细分市场。由于萨拉李公司在每一渠道上所经销的品牌和产品都是不同的，这就减弱了渠道成员之间的竞争。

由此可见，一定要针对营销需求设计营销渠道，离开消费者需求设计的渠道只会失去市场。当然渠道开发之后并不是一成不变的，它需要针对消费需求的不同而随时调整。这就要求渠道管理者密切注意市场动向。主要可以从以下几个方面收集市场信息：

1. 售后拜访并倾听客户意见

这是保持以市场为主导的方式。在客户购买你的产品后，找出你的营销过程和产品交付有什么不一致的地方，找出售前与售后客户感受到的差别，这有助于你优化自己的营销策略。

2. 询问关键客户群的意向

直接询问客户，他们最大的困难是什么，他们对未来怎么看。尤其要仔细倾听最忠诚的客户和最不忠诚的客户在观点上有什么区别。虽然他们都在购买你的产品，但他们的动机、信念、态度可能大相径庭。

3. 经常询问客户有什么新情况

养成一种习惯，经常问你的客户和公司同事“有什么新情况”。在这个高度分工的世界，我们往往以为每个人都能注意到所有的变化，实际上，信息的流动常常缓慢而低效。通过非正式地询问“有什么新情况”，你就可能比竞争对手掌握更多的情况。

4. 更多地了解和讨论你的竞争对手

提出明确的问题，将你的产品与竞争对手的产品进行对比。客户在购买你的产品时也几乎毫无疑问地会这么做。很多情况下，你心目中的市场竞争对手不同于客户所想的竞争者。

5. 更多地学习以了解你的客户和所在行业

今天信息系统非常发达，有耐心的学习者便能够有机会了解大量信息，了解得越多，最早发现机遇的可能性就越大。

将供应链上的环节简化

ECR（Efficient Customer Response，有效客户反应），是1992年从美国食品杂货业发展起来的一种供应链管理策略。在20世纪80年代末至90年代初ECR的概念被提出来，它主要是指生产商和零售商为消费者提供服务的概念。它最早产生的目的，是在生产商、零售商、消费者之间的价值链上的需求，在出现这些矛盾之后生产商和零售商考虑怎样合作，最后发现目标不是集中在竞争对手或者是生产商、零售商之间的矛盾上，而是怎样满足消费者的需要，这是ECR的一个产生过程。

宝洁公司总裁曾说过一句话，ECR的原则就是生产商和零售商在一起工作，能够把在价值链没有价值的部分和成本从系统里拿掉，通过更有效的管理，给顾客带来更高的价值。ECR第一个阶段主要是贯彻了这个想法。优化价值链和提升消费者价值，在ECR没有之前，生产商和零售商之间的文件就很多，比较复杂，生产商到门店做结算的话，要拿很多的单据，要对票，要核算，效率很低。商品数量很多，门店里什么商品都有，同时有很多不好的、错误的交付品等，结算时冲突很大，可能发生争吵等。而ECR就使得这个管理被梳理得更清楚。

通过ECR，使价值更高，在满足客户的同时，销售和利润率都有了很大的增长。ECR首先在美国成功了，后来就推广到欧洲。根据欧洲供应链管理委员会的调查报告，在接受调查的392家公司当中，制造商实施ECR后，预期销售额增加 5.3%，制造费用减少 2.3%，销售费用减少 1.1%，仓储费用减少 1.3%，总赢利增加 5.5%；而批发商及零售商也有相似的获益，销售额增加 5.4%，毛利增加 3.4%，仓储费用减少 5.9%，平均库存减少 13.1%，每平方米的销售额增加 5.3%。

ECR 还有一个从传统 ECR 向定制 ECR 发展的过程。传统 ECR 引起供应链上成员企业的利益冲突，制约了 ECR 的进一步发展。因而提出定制 ECR，通过刺激客户需求并有效满足需求，提升客户价值，实现成员企业共赢。随着时代的进步，定制 ECR 成为进一步完善 ECR 的关键领域，也是企业下一步制订合作方案的主要环节。在定制 ECR 的实施过程中，围绕刺激客户需求这个实施重点，经营者应首先进行客户分析，然后再制定 ECR 战略。客户分析主要分为以下两个方面：

1. 客户需求分析

定制 ECR 的关键任务，是找出客户需求中个性化因素的基础。通过对大量消费者的调查，得出客户需求的特点是：

方便——不想将超过所必需之外的时间花费在购物上。

提供建议和解决方案——购物不仅仅是为了补足所需的商品，还要寻求一种能满足需求的解决方案。

信息——不仅需要关于产品的成分、原材料等方面的信息，而且需要关于产品的特定信息，如产品何时送达、送货方式等。

价值——需要获得与所支付价格相对等的价值。

娱乐——如果客户每周花费几个小时在商店里，那么他们希望在那里能获得不一样的感受，提高兴趣。

控制——这也是最重要的，客户想要自己决定购买的时间、地点和方式。

2. 有效的客户价值分析

由于定制 ECR 供应链管理带来了信息的充分共享，因此获得客户需求的各种信息并不困难，关键是如何利用这些信息进行有效的价值分析，使其有助于企业做出正确的决策。因此，应对所获得的上述信息进行全面的分析和提炼。

客户价值用产品质量、多样性、企业信誉、服务以及需求反应时间、产品价格等指标加以量度。在定制 ECR 的实施过程中，链上成员企业通过上述各因素产生作用，最终影响并提升客户价值。

现在国内大的零售商，如联华、华润万家或者家世界等，都几乎采用 ECR。由于在流通环节中缩减了不必要的成本，零售商和批发商之间的价格差异也随之降低，这些节约了成本，最终将使客户受益。除了这些有形的好处以外，还有一些对客户、分销商和供应商有益的隐性利益：对于客户，增加了选择范围和购物的方便，减少了缺货产品，产品也更新；对于分销商，增加客户的信任度，对客户更加了解，并改善了和供应商的关系；而对于供应商，减少了缺货，增加品牌信誉，改善了和分销商的关系。可见，简化供应链上的环节，对于企业的运营以及效益有着相当大的好处，这是非常值得企业借鉴的管理策略。

解决窜货问题有办法

一大早，小王就慌忙跑进总经理室说："李总，据可靠消息，华北姓刘的又运过来 1500 台，咱们怎么办？"李总听后，火气就冒出来了。他作为某品牌显示器华东区的总代理，把整个华东地区经营得极其火爆，不仅销量大，而且价格控制得也好，平均每台显示器利润比其他地区高出 20 元钱。虽然当时 SARS（非典）流行，但华东地区市场基本没受什么影响。李总正想大干一场的时候，不想却出了这样的麻烦。

当时的情况是，紧邻的华北区是 SARS 的重灾区，当地的市场购买力急剧下降，华北区总代理面临的局面自然可想而知。SARS 是突发事件，在 SARS 出现之前，华北区域总代理刚进了一大批主流显示器，眼看着要砸在手里，当然得想办法赶紧出手。于是，华北区总代理心生一计，决定向华东市场渗透。就这样，华北区的显示器一批批地低价"流进"华东，扰得市场鸡飞狗跳、价格混乱不堪。本来显示器利润就薄，李总旗下的经销商看到华北区有便宜货，也就顾不上江湖道义，背着李总吃货。眼看着辛苦维护的价格体系和利润空间一夜间濒于崩溃，李总能不冒火吗？

虽然李总早已告到了供应商那里，但那家供应商对这种情况也是睁一只眼闭一只眼，嘴里说一定要惩罚，行动上却连个水泡也没冒一下。因为他们心里清楚，如果不让华北区总代理跨区域销售，货留在华北，自己的日子也不会好过到哪儿去，还不如让华东区的老李帮着分担分担。

这就是令人头痛的“窜货”，在渠道管理中，这是时刻都会面临的一个大问题。对这种“窜货”的处理，如果厂商默许的话就很难办了。首先，华东区的交易一旦完成，尤其是产品已经到最终用户手中的话，要想退货几乎不可能；其次，在突如其来的SARS面前，也不排除厂商主观上有让华东区“分担”的想法，从而防止公司整体业绩下滑。在这种情况下，最重要的就是要建立厂商一体化的关系，共同对付窜货。厂商应该尝试调整华东和华北的业绩指标：华东区总代理的市场被华北区总代理抢占，就应该减少华东区总代理下个季度的销售任务，同时增加华北区下个季度的销售任务。当然厂商不可能主动去这样做，只有靠华东区总代理自己去主动争取。同时，厂商也应该面对现实，与总代理一起同舟共济，而不应该把所有的经营压力都转给总代理，自己一点损失也不愿意承担。

所谓厂商一体，同舟共济，不失为处理渠道窜货的一个好手段。在这方面，爱多的经验值得很多企业学习。

爱多并非国内第一家VCD生产厂家（第一家是万燕），却是最成功的VCD企业。当其他厂家还在逐省建立销售分公司、逐城打攻坚战的时候，爱多就果断地采用了销售代理制，迅速打开了市场，一举成为VCD大王。爱多的销售网络覆盖了除台湾之外的整个中国，并成功地进入了东南亚市场和俄罗斯市场，销售网络包括33个总代理、457个二级代理，销售网点达1.2万多个。

经过不断发展完善，爱多建立起了自己的代理商管理模式。1998年5月23日，爱多在山东召开全国总代理会议，公司总裁胡志标在会上明确地阐述了爱多新的营销思想——终端零售管理网络模式。这一模式要求代理商务必将公司的政策、力量作用于终端销售者，保护零售商的利润，提高销售的积极性。代理商的功能不应简单地归结为去厂家提货、坐等批发，然后利润就到手了，而是应该为下级代理提供服务和管理，如现场促销、市场监管等。

他说到而且也真正做到了。例如，一次，一位二级代理发现一家零售店卖的货比别的店便宜20元，他马上召集下属开会，对这家违反“行规”的同行处以罚款。由于监管有力，当地市场90%的份额被爱多拿下了。有的代理商开玩笑说：“以前只是到店里看看发了多少货，收了多少钱，现在要想的事多了，要培训人，要鼓励人，自我感觉像个地委书记了。”

正是这种厂家和商家融为一体、同舟共济的方式，使得爱多VCD赢得了广阔的市场。虽然因为技术的进步和时代的变迁，爱多已经淡出市场，但是它的这种防止窜货的手段还是值得后来的渠道管理者好好学习的。

促销规范是控制价格的关键

宝洁公司的营销策略历来被视为经典。2000年度宝洁公司在中国的销量已高达100多亿元人民币，城乡密布、立体式营销网络成为宝洁在中国的一笔巨大财富。这一系列巨大成功的取得，无论是宝洁公司还是业内专家，都不能否认经销商发挥的作用。

宝洁公司代理营销策略的制定和成功执行，保证了宝洁公司全部品牌产品以最快的速度分销至终端卖场和消费者手中。但面对新增同类产品激烈的竞争，宝洁公司的经销商之间有时也爆发严重的价格战，从而削弱了宝洁品牌在中国市场高高在上的领先地位。

1999年，基于国内妇女卫生巾产品的竞争趋于白热化，宝洁公司制定了针对护舒宝品牌的渠道促销策略：经销商在一定期限内蓝色护舒宝销量达10万件，奖励一部新款“上海世纪别克”高档轿车（折合人民币36万元），以求带动经销商的销售积极性。

经销商的这一促销策略一下达，全国经销商几乎在一夜之间采取近乎完全相同的方式，将 36 万元轿车款以价格的形式折扣在护舒宝产品的渠道价格中，护舒宝全部产品短短几天之内价格产生巨大变动，出厂价折扣 15 个百分点甚至更高。

护舒宝在卫生巾市场中的高档品牌形象一夜之间因价格的骤降大大打了折扣。护舒宝经销商的价格战使经销商能迅速完成宝洁公司下达的 10 万件销售任务，宝洁公司的促销车辆款也返回经销商手中。

价格战一旦开始，全部经销商都只好应战。由于经销商过量提货，造成蓝色护舒宝在销售渠道中大量积压，而终端的价格战使蓝色护舒宝形象严重受损。从那以后，市场上再也见不到为消费者所熟悉的蓝色护舒宝，取而代之的是需要消费者重新认识、接受的绿色护舒宝。

这是宝洁公司的销售策略引发的经销商的价格战。即使在宝洁公司产品正常的营销过程中，经销商之间的价格战也时有发生：同类宝洁公司产品山西市场经销商批发价为“出厂价”,而河北市场、洛阳市场经销商批发价是“出厂价折扣 5 个百分点”。

宝洁公司严禁经销商异地窜货，但无法禁止两批客户的自由购货，下游批发商“择价而选”而不是“择服务而选”，使本来依靠优质服务、良好配送能力吸引客户的经销商不得不“以价格应战”。

渠道的管理没有搞好，促销不规范，势必会引起价格混乱，像宝洁公司的渠道促销多搞几次，价格就会越卖越低，经销商几乎不赚钱，因为中间价差越来越小，而价差是经销商主要的利润保障。经销商不能通过价差赚钱，就只能依赖厂家的赠品、促销品来赚取利润。如此形成恶性循环，价格越卖越低，中间价差越来越小，经销商的利润就越来越薄，也就越来越依赖厂家的赠品等物质奖励来赚钱了。

更严重的是，一旦厂家停止对经销商的物质刺激，经销商就会无钱可赚。在这种价格“卖穿”的情况下，厂家要保证经销商的利润，只有两种选择：一是把给经销商的供货价降下来，扩大或恢复中间价差，保证经销商的合理利润；二是仍然继续不断地给予经销商各种物质奖励，补偿经销商下降的利润。

企业原本想通过刺激经销商来销售更多的产品，但刺激的最终结果是导致价格“卖穿”，经销商不愿意再销售你的产品。究其原因，都是厂家自己造成的。所以，单纯靠向经销商“压货”来提高销量，只会把经销商压垮，最后反而减小了销量。

这种“强心针”式的渠道促销虽然能提高销量，而实际上产品滞留在渠道中间环节，并不是最终被消费者消化了，这只是对明日市场资源的提前支取，是寅吃卯粮的销量透支行为。

其实，厂家要想切实控制价格，必须从管理渠道开始，只有让渠道规范，才能真正地控制价格。规范渠道最重要的就是要改善系统管理，可以采取以下做法：

（1）必须按争夺市场的要求展开协作，必须按有效出货、减少存货以及控制费用的要求展开协作。

（2）提高产品的竞争力。对于老产品，要加强产品系列的整合，明确一个时期的主打品种，一波一波，有节奏地冲击市场，同时在质量、外观包装以及定价上，要强过对手；对于新产品的开发，要突破原有的思维定式，努力创新，同时加强新品推出市场的系统策划，以及有计划地展开市场推广。

（3）加强市场信息的反馈。加强一线进销存数据的采集、整理、传递与统计分析。依靠数据制订生产与供货计划，有效地衔接产销量，减少产销矛盾，减少产品供应上的过多与不足的矛盾。

（4）强化高层专业职能部门的功能。确保计划、营销、财务、配送与人力资源等子系统运行顺畅，尤其要强化总体策略制定的功能，确保有限的经营资源配置在产生效果的方向上，以此与对手展开竞争。

（5）促销时，必须通过程序与管理规范进行有效控制，提高整体运行的效率，提高企业价值链的赢利能力。

把握住大客户才算找到"摇钱树"

客户对品牌后续服务的满意度在很大程度上影响了客户对品牌的忠诚度，因此，销售人员要定期对大客户进行拜访。

在这方面，方正科技就是一个典型，它真正做到了设身处地为客户考虑，并通过"春风行动"将全面周到的售后服务带到客户的身边，完全秉承了"全程服务""想客户之所想，急客户之所急"的服务宗旨。除常规服务外，特别针对行业大客户提供备件专储、专线专人服务，以保证客户的需求能够随时得到满足。同时主动上门提供软件更新、设备维护等增值服务，将客户从日常烦琐的办公设备维护工作中解脱出来。这些服务赢得了客户的赞许，更赢得了客户的信赖。

方正科技从上至下都对"春风行动"给予了高度重视，为使回访行动达到预期效果，方正科技领导层亲临各个区域指导当地的"春风行动"。在西安，方正科技有关领导带领分公司的工作组回访了西安实验中心。在回访中，方正科技工作人员首先详细地询问了设备的使用情况，现场解答了实验中心工作人员在使用设备中遇到的一些疑难问题，并就他们提出的具体需求当场做了详尽细致的安排，力求在最短的时间内以最优质的服务解决问题。

在对大客户进行有效拜访的时候，要切实弄明白"反馈"在交流中的重要性，因为我们对大客户的每一次拜访，都希望能得到客户的反馈，从而提高产品或服务质量。

我们可以先来看个简单的实验。让两个人背对背坐着，每人面前放一张桌子，每张桌上摆放着相同的一套儿童积木。由一个人根据自己的设想指导两个人搭出同样的结构，而背后仿制的人（信息接收者）只能听从指导，不能以任何方式询问。由于缺乏反馈，这个任务很难完成，因为开始时的一些理解错误和小失误无法立即纠正，导致后来越来越混乱。

这个实验表明，反馈越多越及时，交流就越迅速、越有效。这种反馈要靠什么获得呢？对大客户的定期拜访就是一种很好的方式。

在客户拜访过程中与客户交谈，研究客户的反馈更是必不可少的。这不仅可以及时了解客户是否得到并正确理解公司发出的信息，而且可以及时发现问题和策略失误以及客户变动趋势，以此作为改进产品和销售工作的依据。

销售过程中，拜访大客户，面对面地同大客户交流，是销售人员必须掌握好的阶段。虽然拜访不是正式的谈判，但在拜访中，销售人员却可以达到以下几个主要目的：

（1）介绍公司的性质与产品。

（2）向客户提供选择该产品的理由。

（3）向客户表达提供良好服务的意念。

（4）让客户能在未来的一段时间中，不会忘掉这次拜访。

（5）当客户有需求时，首先想到的是与你合作。

如果能将以上目的完全达到便是最成功的拜访，拜访与成交之间往往会有一段相当大的距离，因此拜访应该尽可能淡化你的目的性。

销售人员在拜访大客户时有些细节是必须引起注意的，抓住细节将有助于客户拜访。通常在面对面交流过程中，我们可以通过观察对方的举止来判断其反应。例如，对方面部表情和细微身体动作的变化都可以表达生气或高兴、不耐烦或饶有兴趣等。声调同样可以传递信息，这在电话交流中最为有用，虽然看不到对方表情，但声调可以表明对方的态度。

在交流中认真倾听对方提供的信息是十分重要的。首先要倾听信息的直接内容，并且学习用“第三只耳朵”倾听信息的内在含义。在多数交流中信息都有一定的内在含义，当说话人带有某种感情色彩时，听话人不仅要理解字面意思，更要理解其内在含义。这种含义往往以非语言方式传递，所以很容易被忽略。因此，销售主管必须要在拜访大客户时特别注意这些细节。

上面只提到拜访中的细节，但是要真正做到成功拜访，销售人员还必须注意两个准备工作，即预约和撰写拜访计划。

预约是指用电话等形式向客户表达希望对其进行拜访的信息，因为大多数客户不喜欢销售人员贸然登门，而且如果客户并不存在需求，那么贸然去拜访效率也是非常低。

一个成功的拜访必然是在有充分准备的前提下才能够达成，虽然不是每次拜访前都要准备书面的文字。但在拜访之前，必须要想好以下几个问题的答案：

（1）这个客户与你过去的客户之间有什么相同？

（2）如何说服这个客户？

（3）如何给他留下深刻印象？

（4）客户打断了谈话怎么办？

（5）是否已了解了客户的信息？

（6）如何将客户的发展命运和自己企业的发展命运结合在一起？

让渠道与企业一道去赢得竞争的胜利

企业开发市场、发展代理商也是为了利而已，但企业在为利的同时不要忘记了合作伙伴或对手也同样是为了利。经销商为什么愿意经销企业的产品，因为有利可图，他们能够从销售中获得自己的利益。企业与经销商打交道首先要明确这个最基本的出发点，然后因势利导并合理利用好双方的资源，帮助经销商赚钱，帮助他们成功，企业才能获得成功。

厂家在对销售终端进行激励时，因其数量多、分布广，会有鞭长莫及之感。因为不好对其进行管理，很多厂家都很头痛，一般的激励措施如返利、折扣等，效果都不尽如人意，那不妨试一下“超级目标法”，通过帮助终端树立超级目标来达到激励和帮助终端成功的目的。

1997 年全球最大的感光材料生产商柯达公司斥资 12 亿美元全面启动中

国投资计划，公司一直大力培育快速彩扩网点，以求将具“半成品”性质的胶卷变成顾客满意的照片。到2000年年底，柯达已在中国250多个城市拥有了5500余家专业冲扩店，相比之下，其竞争对手乐凯的冲扩店仅仅2000家左右。

在铺设零售终端时，柯达公司推出了“轻松当老板”计划，面对小本创业人士，柯达承诺“八九万当老板”，只需投资9.9万元购置柯达公司的彩扩设备，便具备了开设彩扩店的基本条件。其后由柯达公司提供包括商圈分析、店面设计、品质控制、技术支援、培训、促销和零售管理在内的全方位协助，直至正式营业。加盟冲扩店用柯达公司的产品与品牌获得了丰厚回报，而柯达公司也获得了覆盖式的零售终端与广告效应，双方各取所需，合作愉快。

实施了这一计划后，柯达公司为经销商打开了创业天地，使之掌握了谋生之道，赢得了经销商的忠诚与信赖。据了解，许多柯达公司冲扩店店主不愿冲扩富士、乐凯等品牌的胶卷，甚至不愿在店内出售这些品牌的胶卷，自觉地将自己视为“柯达的一员”。由此看出，切切实实为经销商带来一份长远利益的激励效果，要远远高于单纯地给予经销商价格折让。营销策略将渠道激励的重点放在授之以渔而不是授之以鱼。

推而广之，针对许多中小型经销商在素质上存在着以下的不足：自我提高能力不足、市场开发能力不足、促销能力不足、管理能力不足，生产商可以从各个方面展开经销商培训，除了协助经销商创业以外，帮助经销商识别市场机会、演练销售技术及传授管理经验等方式也可提高经销商的知识与技术。经销商发展壮大之日，当饮水思源，自觉地与生产商结为同盟。

柯达公司的这一“轻松当老板”的终端激励法，将企业自身发展与经销商的发展融为一体，这无疑是对设立超级目标的最佳脚注。当渠道面临对手竞争时，树立这样的超级目标是团结渠道各成员的根本，能够激发出渠道活力，共同赢得竞争的胜利。

帮助终端取得成功，企业应做好以下几步工作：

（1）要结合实际为经销商做前景分析，让他们看到希望，并能够全身心地投入市场开发工作。

（2）要了解经销商经营的产品种类，并一起分析各类产品在销售中所占的地位和资源耗费。帮助经销商搞清楚各类产品的投入产出比是否合理以及下一步的工作重点。进行了产品种类分析后，要结合自己的产品进行市场分析。作为当地市场的新进入者，一般有自己独特的卖点，此时就要结合实际对市场容量进行大致的调研，找出同行的卖点和市场份额，然后根据自身产品的优势确定竞争策略和目标市场计划。通过此番工作，要让经销商看到明朗的市场前景和公司销售规划的专业性，这样由于利益的驱使，经销商就会积极工作。

（3）要和经销商一起制订市场开发计划和资源投入规划。在资源投入方面，切忌让经销商单方面投入，公司一定要协助经销商。因为开发任何一个新市场都不容易，靠单方面的力量也难以实现，所以在公司政策允许的范围内一定要多支持经销商，让他们以最小的投入最快的速度获利。

获利后的经销商会更加感谢公司，也会更加忠诚，这样才会有更大的资源投入市场，从而市场能得以不断地发展和巩固。作为公司，赢得市场也就赢得了忠诚的经销商，赢得了经销商的忠诚也就赢得了市场的稳固发展，帮经销商赚钱何乐而不为呢？无论何时，切实做到给经销商一份长远的利益。这种激励方式是最好的，也是一些渠道管理者最需要下工夫去做的。

[illegible]

[illegible]

[illegible]

[illegible]

PART

第十二章

12

债务管理——确保企业正常运营

关注客户的经营状况

与客户做生意，必须对其经营状况有所了解，及时把握客户的动向，根据情况判断是否可能出现“呆账”，以减少本公司的损失。一般来说，管理者应该让自己手下的业务员注意以下几点：

（1）不正常进货。一位优秀的业务员，平时应深入了解经销店的销售能力、库存数量以及当前的市场情况，以便对该经销店的每月进货量、进货种类、进货时间，心中有个数。对于经销店的不正常订货，应深入了解。

例如，一向精明的经销店管理者，选择较不利的时间订货（如结账的前几天订货），且订货量超出其以往的销售量很多，遇到这种情况，业务员必须有所警觉，除非查知其订货动机纯正，否则应暂时中止供货，一方面再深入调查，另一方面观察其反应与变化。

（2）货物流向有问题。某经销店生意并没有比以前好很多，但最近向公司进的货一下子就不见了，而且订货次数增加。此时，业务员要注意经销店是否转售同行货物。

（3）削价求售。经销店的削价求售，依正常情形显然是赤字经营。这种经销店虽未必于近期内倒闭，但是长期以债养债的结果是，当宣布倒闭时，其倒账的金额可能高得出乎意料。因此若经销店有长期削价求售的赤字经营方式，则其征候已明，长痛不如短痛，这时必须选择一最有利的时机，结束业务关系。例如，利用其他厂产品大量供货而尚未收款的空当，使其提前付款，再终止往来，或以最保守的方式往来。

（4）不正常的经营方式。如果经销店不是以正常经营而赚得利益，而是以迂回方式获利。例如，削价转售而换取现金，然后转放高利贷，用这种方式试图谋求高额的利润，等等。这些不正常的经营方式，风险太大，应趁早终止业务关系。

（5）不务正业。有的经销店经营规模较小，如果再转投资或兼营他业（如炒股票、炒地皮），在财力和人力上显然较勉强，万一它失败了，则公司必然成为它倒账的对象。在这种情形下，必须缩减给这家经销店的供货量。

（6）私生活不正常。经销店管理者除了应兼具财力、经营管理能力外，更重要的是要投入心力。如果管理者沉迷于吃喝嫖赌，则终日不是精神委靡就是心有旁骛，不专心业务，严重的甚至造成家庭纠纷搞得鸡犬不宁，或是债台高筑铤而走险。因此若经销店管理者已经出现这种不合乎经营条件的情况时，就应该缩减供货量，进而终止业务关系。

（7）延期付款。如果某经销店的进货消化速度很快，没有什么库存，但付款却一延再延，则显然其财务结构不良，应小心防患于未然。

（8）会计人员突然离职，不敢再继续做下去。若某经销店财务出问题，则最先惊觉的必然是会计人员。因此，当会计人员突然离职时，业务员须赶紧追查会计人员的离职原因，同时从各种角度衡量该店财力是否出问题。

（9）仪容不整，精神委靡。某经销店管理者一向仪容整洁、精神饱满，最近一反常态，突然变得仪容不整、精神委靡。经查证，其并无生病，此时，业务员就要特别当心是否财务出问题。

（10）风声不良。被同行批评得一无是处的经销店迟早会出问题的。因此，当业务员一听到某经销店有不稳的风声时，必须抢先在别厂之前“束货”，同时赶紧收款。

（11）突然转变态度，对业务员巴结讨好。某经销店管理者一向趾高气扬，最近突然一反常态，对业务员巴结讨好，此时业务员须调查背后是否隐藏着信用“红灯”的现象。

（12）进货厂商突然大增，此时业务员须注意该经销店是否有恶性倒闭的企图。

（13）管理者经常不在。某经销店管理者突然变得经常不在店中，早出晚归，找不到人。此时，业务员更要增加拜访次数，以查明管理者经常不在是否和信用“红灯”有关。

（14）对公司过分捧场。某经销店一向与公司交易量不算多，最近却一反常态，对公司非常捧场，进货量多，连公司不畅销的产品也大量进货，对质量也不再计较。此时业务员须提高警觉，深入求证是否有发生倒闭的可能。

（15）第六感觉。一位优秀的业务员应时时观察、分析周围环境变化，久而久之似乎对环境就有洞察先机的第六感觉。这种感觉也许是感觉到经销店的产品陈列变得毫无动感或布满灰尘，或者感觉到管理者、会计人员死气沉沉或阴阳怪气。也可能看到完全相反的一面，一向不吭气的管理者却忽然热情豪爽，店内陈列忽然变得夸张显眼。当业务员走入经销店，如果有不祥的第六感觉，必须相信自己的感觉，立即暂停供货，赶紧收款，并立刻着手求证。

应收的账款不能及时兑现，公司与客户之间就形成了债务关系。这是令所有企业管理者头疼的问题。怎样理顺双方关系、解决债务问题呢？首先必须对债务人的情况有全盘的了解。

找到债务纠纷的原因

债务纠纷的产生不是无缘无故的，一定有它形成的原因。那么，在企业的经营过程中，会有哪些债务纠纷发生呢？

1. 存在争议

法人作为债务人，因其是为一定的经济目的而存在，因而法人之间的债务纠纷，一般是债权人与债务人之间对债权债务的某一方面存有争议。这种争议可由一方过错而造成，又可因双方过错而造成，也可因一方认识错误而造成。

对此种情况，因债权债务人双方同为一定经济目的，通过摆事实、讲道理、分清是非，一般可以解决。双方协商不成，通过调解仲裁或诉讼达成协议或裁决，一般比较容易执行。处理这类债务，一定要抓紧时间，避免损失过大，否则给解决纠纷造成困难。

2. 无力偿还

法人作为债务人，是由于种种原因，已无力偿还。造成无力偿还的原因，有自身的，如经营管理不善、拆东墙补西墙、挥霍浪费、各种经济联合体或企业内部发生纠纷等；有外部的，如市场物价变化，国家机构、计划改变，上当受骗等。这类债务人对债务的心理性态，可分为积极的——想方设法偿还债务；消极的——即无动于衷，漠然处之。对于积极的债务人，可尽可能地帮助支持，争取债务人早日清偿债务。对消极的债务人应施加压力，尽快采取法律手段。

3. 故意拖欠

故意拖欠是指有偿还能力的法人，寻找种种借口，拖延履行义务。在实践中，经常遇到的是债务人声称无履行能力或答应履行，但到期变卦；也有胡搅蛮缠，听起来好像自己不但不应履行义务，反而还受到了损失。故意拖欠还有一种常见的现象，就是躲避不见讨债人员。这类债务人的心理是：能磨就磨，能拖就拖，能少还就少还，不见棺材不落泪。对故意拖欠者，除了采取强有力的措施，使其感到不履行义务对自己的经营活动有影响、对个人声誉、道德方面有损害外，请求有关部门强制制裁是最有效的方法。

4. 存心赖账

存心赖账，根据其赖账心理形成的时间不同，可分为一开始就准备赖账、在变动过程中有机可乘赖账及根据讨债者的情况赖账3种。

这3种赖账一般表现为：拒不承认其义务，或强词夺理、吹毛求疵、寻找债权人的缺点，或干脆外逃难寻。一旦发现债务人赖账就要引起高度重视，请有关部门处理，同时收集必要证据，不给债务人可乘之机。

5. 蓄意诈骗

蓄意诈骗，是指诈骗人一开始就以骗取财物为目的，利用合同纠纷等合法手段，达到非法目的。对此类债务人，万不能让其抓住债权人讨债要款心切的心理，或与之妥协，甚至为其掩盖罪行。这样做的后果，非但不能达到讨回欠款的目的，反而给讨债增加难度，使犯罪分子越发猖獗。

在实际上，债务人境况和心理相当复杂，而且处于不断变化之中，在此难以举例。但需提出的是：当债务主体是公民，或利用法人名义而实际债务人是公民时，债务人躲藏外逃甚至被关押、判刑的情况屡有发生，给讨债带来了巨大不利，对此，讨债人员的决心和意志就对讨债起重要作用，尽早诉诸有关部门，有助于减少损失。

另外，在实际中还遇到债务人死亡的情况，对债务人死亡后债务由谁承担，继承法对此有原则性规定：一般继承人继承其财产的，同时应承担被继承人的债务。继承人放弃继承的，可以不承担被继承人的债务，但是如果债务人生前已将其财产以各种方式交给了第三人，在可能的情况下，法律规定应当返还债权人财产，债权人就应努力追讨。

企业应该把客户当成“上帝”一样敬，同时，还要把不讲信用的客户当“贼”一样防，时刻关注一切可能引起债务纠纷的异常状况。

远离欠贷陷阱

在企业创业初期，不要把重心放在怎么融资上，就像阿里巴巴主席马云说的，要假设你融不到一分钱的情况下去做事业，毕竟，白手起家的人多的是。这样假设最大的好处在于，可以避免让创业型总经理陷入借贷陷阱。现实社会中，很多创业者，在找到好的项目之后，便急于弄到启动资金。

现在许多初涉商场的经营者，最苦恼的就是缺乏资金。可是要想办实业、经商做买卖，又都离不开资金，没有资金就只能是纸上谈兵。拿出自己多年的积蓄可以，向亲戚朋友借钱也算办法，但这些往往还是凑不够数。向国有银行、集体信用社借贷好是好，但手续多，需要的时间长。于是，有许多经营者就走向暗中的、地下的、未向社会公开的“高利贷”的门里，钱是拿到了，可以干自己的事业了，可也陷入了陷阱。

一说起高利贷，就令人想起《白毛女》中那个可怜巴巴的杨白劳，想起了沙士比亚的名剧《威尼斯商人》中威尼斯商人在法庭上被逼得一步步无路可走的场景。虽然这些都是剧本里的形象，但现实生活中也确确实实存在还不起高利贷而走投无路的经营者。

记得一位经济管理学家，曾精辟地分析社会经济生活中的一些现象。当提及借高利贷经营时，他这样分析道：一个人想在事业上取得成功，重要的素质是能够根据自己具有的条件，充分地发挥自己的才能和智慧，不走歪门。刚刚开始从事小本生意的经营者，在激烈的市场经济竞争面前，由于发家心切、赚钱心切、求财心切，往往头脑发热，为了尽快实现预订目标，往往容易走了“偏门”，甚至搞歪门邪道。对于未来的经营者，尤其从社会角度考虑，如何避免走“偏门”、“歪门”，必须认真考虑。

高利贷，顾名思义，就是以高利运用资金，这可以说是“吸血鬼”的代名词，就是在旧社会也是受到诅咒的，因为它曾使多少人家破人亡。现在，这样的悲剧也时有所闻。小本经营，特别是刚刚开业的小本生意，赚大利还债的可能性是非常小的。如果借了高利贷又得不到预期的效益，除了破产以外，还有什么路好走？因此，以高利贷来发展经营，无异于“饮鸩止渴”。

且莫说高利贷，就是经营者能向银行贷款做本钱，也要十分慎重，三思而行。因为没有把握盲目扩大经营，赚得的利润是不是能够抵上贷款利息还是一个大问题。现在，在街头巷尾、茶馆酒楼，我们也常常听一些人咒骂银行信贷员是“晴天借伞、雨天收伞”，但是，平心静气而论，这能怪银行的信贷员吗？当债主发现借债人无法偿还的时候，前者的心里不是同样着急吗？

时下，社会上也常听到这样一些情况：一些人辞去公职下海，由于缺乏资金，千方百计向银行贷款，甚至不惜向地下贷款机构借高利贷，但又由于经营不善，生意冷淡，最后关门“大吉”了，接二连三地被债主逼还借款，透不过气来，有的甚至举家出门避债，有的还被催债的打得满身是伤。

实事求是地讲，一个创业者如果真的是一文没有，要想起家是不大可能。做任何生意，办任何实业，都必须有最基本的本钱，所以，一个想发家致富的人要办的第一件事，就是通过各种途径去筹集所需的起码的资金。经营者借贷开创自己事业的不少，但是，专靠借贷，特别是靠借高利贷来开创事业，很有可能使自己背上沉重的包袱——“偏门”莫入。

不管在资金紧张时，还是比较宽裕的时候，都要小心借贷陷阱，否则，吃亏的肯定是你。

赊账有哪些坏处

做生意不宜赊销。如果卖出1000元的货是赊销的，不如卖800元的货是现金交易的好。这里所说的现金交易，包括开户单位和个人利用转账方式等进行结算。有许多谚语说明这一问题，如“现有小钱50，胜过以后大钱100”“隔夜的金子，顶不上当日的铜”“立着放债，跪着讨钱”“赊出容易，收回艰难”“本小利薄，赊欠不得”。相对而言，做生意卖货，现金交易和赊销，后者较前者利少弊多：一是影响资金周转；二是减少利润；三是不能按时交税；四是讨账占用人力、财力；五是赊出容易，收回困难；六是往往因人事的变动和对方公司的变化，造成呆账、瞎账、乱账，有的可能一分钱也收不回来。有个供销社，为扶持农民发展副业生产投入几十万元，最后收账时，有些农民赖账，有的说：“要钱没有，要命一条，要媳妇还有一个。”这种经济损失给人教训很深刻。商品的买卖在没有形成一套稳定的销售渠道之前，应坚持现金交易，一手钱，一手货，对买卖双方都有好处。

犹太商人经商，绝招之一是彻底采取现金主义。他们认定唯有现金才能保障他们的生命和生活，以对抗天灾人祸。做生意说千道万的诀窍，归根结底要讲实际利益。

注意催款的方式

讨债行为虽然是受法律保护的，但是同时也受到了法律的约束，就是说讨债人的讨债行为必须不违反国家的法律法规和有关政策，否则，讨债人的讨债行为将会受到法律的制裁。

在我国当前的经济生活中，大多数讨债人员都能将自己的讨债行为置之于法律的保护之下，都懂得必须在法律允许的范围之内实施讨债行为。但是，也有极少一部分讨债人员或者是因为缺乏必要的法律知识，或者是讨债心切，总是出现一些违法讨债的现象，采取一些违法手段去讨债，结果不但没有讨到债，自己还受到法律的制裁。

根据我们所接触到的一些案例看，在讨债过程中，讨债人员出现违法犯法行为大致有以下这几种情况：

（1）恐吓、绑架、打人等暴力讨债。这些就是现在社会上流传的所谓“黑吃黑”的办法。这种办法有时确实也能产生效果，但是，讨债人采取这种手段本身就是违法的，是法律所不允许的。一旦出现这种讨债行为，不管结果如何，不管讨债人是否讨回了欠债，法律都会制裁讨债人。所以，讨债人尽管对债务人故意欠债、赖债十分不满，深恶痛绝，也不能采取过火行为。

（2）利用金钱诱惑帮助实现讨债目的。这种情况为数并不少，讨债人员为了达到让债务人尽快履行债务的目的，以给债务人或者给其他办事人员好处费、信息费等为手段，刺激债务人或者其他有关人员尽力尽快地帮着催讨欠债。还有的讨债人员在讨债过程中对有关人员请客送礼，甚至出钱请他们出国旅游，以此为手段促使债务人尽快履行债务。这些做法被一些人冠之以舍芝麻而得西瓜，殊不知这种办法已违犯国家的财经纪律，有的甚至已构成经济犯罪。

（3）利用色情手段讨债。当前有人把这种手段视为高招，还美其名曰“充分利用人性的弱点”。不少单位、债权人为了达到讨债目的，动员说服、金钱诱惑甚至对债务人进行色情诱惑，拖债务人下水，然后以此要挟债务人清偿债务。这种做法严重违背我国社会主义道德原则，败坏社会风气，即使债权人达到了目的，实现了自己的利益，一旦被查出，债权人将受到惩处。

（4）专门选派一些能吵能闹、会撒泼的妇女到债务人大本营吵闹、撒泼，因为在日常生活当中，人们对泼妇总是畏惧三分的。这种办法虽然谈不上什么违法犯法，可如果撒泼的妇女在又哭又闹的过程中，恶语伤人，债务人也就有借口将撒泼的妇女赶走。

以上几种非常手段在讨债实际过程当中往往能起到一些特殊作用，其主要原因就在于大多数债务人都认为欠债不还没有道理，从而对讨债人的侵权、违法行为只能容忍，而不敢依靠法律保护自己的正当合法的权益。尽管如此，我们坚决反对债权人采取上述违法的手段达到讨债的目的。

[illegible]

[illegible]

[illegible]

[illegible]

PART

第十三章

13

融资管理——企业运转的基石

注重企业的资本

2007 年 6 月 14 日上午 11 点，在深圳证券交易所大厅的显示屏上，深圳成分指数大跌 14520 点，跌幅达 105%。就在股民叹息时，却见“万绿从中一点红”，一只代码为 000527 的股票让人眼前一亮。刚刚还在原地踏步的股价，短短几分钟内，一路直线上扬，丝毫没有震荡的迹象。到下午收盘时，这只股票已经飙升猛涨了 584%。

股民们发现，原来这只股票是美的电器。在 2007 年 6 月 4 日股市大跌以后，10 天内这只股票已经 3 次涨停，5 次涨幅超过 5%。如果从 2007 年 1 月起持有这只股票的话，按复权价格计算，股价已经翻了 5 番，这份巨额收益让人晚上做梦都会数钞票。

究竟是什么让美的股价一路走高？原来美的电器收到了商务部签发的关于非公开发行股票方案的批复文件，原则上同意美的公司向美国高盛集团全资拥有的子公司定向增发 75595183 股人民币普通股，要求定向发行价格不低于董事会决议公告前 20 个交易日内公司股票收盘价均价的 90%。这意味着美的电器出售 10% 股权引进高盛作为战略投资者的方案终获商务部的通过。在解决一系列技术问题之后，只需中国证监会的最后核准，一场精心准备 3 年的资本盛宴就要开始了。

拥抱高盛，是对美的创始人何享健几十年商业经验和生存智慧的肯定和鼓励。在 2007 年正月初八这天，也就是春节长假后上班第一天的内部高管会议上，低调稳健的他竟然喊道:“我要否定自己，去变革！”后来，他在《中国企业家》的独家专访中详述了过去 3 年他对美的未来、家族事业、资本市场、经理人与接班人等重大问题的思考与行动。“我们要从做产品到做企业，从做企业到做资本。下一步，我们的企业不光要讲效益、讲现金流，更重要的是看企业的市值，进行市值管理。现在的世界靠的是科技和资本，只要有钱、有科技，就什么都能做到。”何享健说。

由于家电行业早就高度成熟，要想在全球做大，必须引进资本，才能获得快速成长和持久竞争力。许多企业认为这是“烧钱”的做法，普遍难以接受。他们觉得还是踏实做事赚钱比较实在，用资本来扩张企业风险太大，害怕企业改“姓”，不归自己所有。其实，这种观念需要改变，如果在新一轮资本市场上企业没有眼光，不敢放手进入，等这一轮过后，就很可能被别人远远甩在身后。而且，如今我国经济的发展速度举世瞩目，资本市场早已欣欣向荣，虽然尚有不规范之处，但朝气蓬勃的势头令人振奋。这充分说明企业竞争将发生在产业领域之外，新的游戏规则将从此展开，资本说话的年代也将到来。

根据美的集团的“十一·五”规划，到2010年，美的将实现1200亿元的销售收入，50亿元的净利润和50亿美元的出口。对此，何享健说：“我从来没有说过1000亿元对美的意味着什么。美的公司的1000亿元是实实在在的，它意味着美的将进入世界500强，意味着美的要进入白色家电亚洲前两名、世界前五名。别人要用几代人、上百年才能做到，我们是一代人、几十年就完成了。”从他轻松的言语中，我们不难体会到其中蕴涵的豪气。

与此同时，困扰他多年的家族事业传承问题，正在以一种更加现代化、科学化的方式予以解决。或许不久之后，美的将从一个专注于白色家电及周边产业的传统家族企业升级为一个横跨制造、地产、汽车、金融等多元化控股公司，何氏家族未来也可能不仅仅局限于在一个400亿市值的公司绝对控股，而更愿意在一个1200亿市值的公司里持有相对多数的股份。

截至2007年6月15日，美的旗下的上市公司美的电器的市值高达491亿元人民币，为A股和H股市场所有家电类上市公司之首。其主要竞争对手格力电器的市值为290亿元，青岛海尔为225亿元，而2005年年底，美的电器的市值还不足50亿元。如此大的进步，如此快的增速，令许多人始料未及。这样发展下去，美的集团转型成为控股公司，不做投资都不行了。美的如何运作呢？何享健表示：“现在我们又开始提收购了，我们在考虑如何通过收购、兼并更加产业化、规模化，龙头地位更高，产品档次更高。我们引入高盛，也是希望能提升我们的资本运作能力，更国际化，有更完善的管理结构。”

拥抱高盛，是何享健几十年商业经验和生存智慧的积淀擦出的火花、作出的正确选择。他与时俱进的思想也为中国的民营家族企业和传统制造业找到一条升级之路。对于企业来说，稳扎稳打是必然的，但是在企业的丛林中，要想不被人覆盖、遮挡就需要不断寻找成长之路，让自己变得越来越强。只有跟上时代的脚步，不断创新，开阔视野，才能不断地发展。

引进资本可实现产业突围

2008 年 7 月，广东万和集团以 1 亿元资金注册的顺德首家民营专业性风险投资（风投）公司——硕富投资正式挂牌运作。传统制造企业试水风投，对万和来说这并不是什么新鲜事，因为万和已在资本市场闯荡 15 年了。

早在 20 世纪 90 年代初，万和集团总裁卢楚其就看到了一个大趋势：中国制造已经兴起，金融业和制造业紧密相连，但是中国内地只有七八家银行，香港有上百家银行，内地如果办银行肯定是大有发展的。因此卢楚其于 1993 年出资 600 万股参与发起设立中国民生银行——中国首家主要由非公有制企业入股的全国性股份制商业银行。当年的 600 万股 10 多年后已达市值 1 亿多元，增值高达 1400%。

万和集团也有过投资失败的经历。万和集团与海南立德产业有限公司合作经营信息产业公司——国科兆信，1999 年，海南立德向万和转让国科兆信 40% 的股权，万和集团落入了对方设下的投资陷阱，有 5000 万元的转让金及 5000 万元的银行保证金被这个项目牢牢套住。经过长时间的法律诉讼，万和挽回了 8000 多万元资金，最终损失 2000 万元左右。而且由于 1 亿元的资金被套牢 2 年，万和失去了一个极好的投资机会。这件事情的发生让万和获得了宝贵的教训：做企业最为重要的就是规避和控制风险，作为投资者，不仅要想到好的收益，更要想到最坏的结局。

万和集团不仅有上述抓住赢利机会的投资，还有一种以度过危机为目的的投资。1992 年，卢楚其研发出中国第一台超薄水控全自动燃气热水器，从供应商向生产商转变，组建万和集团。但同行相互间恶性竞争使得燃气用具这个行业几乎无利可图。作为集团的主营业务，即便是零利润，万和集团也没有退路。卢楚其坚信，通过行业的优胜劣汰，三五年后燃气用具的利润肯定会恢复到一个正常水平。万和集团需要确保自己能在残酷的生存环境下生存下来，其策略是借助资本运作实现产业突围，提升品牌影响力并向其他行业渗透。

2002 年，万和集团收购海国实，进入航运等领域，2005 年，再次斥资并购鸿特精密压铸有限公司，进入汽车零配件产业。卢楚其认为，汽车零配件在中国刚刚兴起，2003 年的汽车零配件业就像是 20 世纪 80 年代末的家电产业。另外，万和集团为制造业出身，相关的生产和管理经验都能够直接进行复制和移植到汽车零配件。万和集团航运和汽车零配件产业已经开始实现赢利了，这些多元化经营帮助主业——燃气用具度过了生死攸关的三五年时间。2008 年，万和集团拥有全资企业 3 家，控股企业 3 家，参股企业 2 家，员工近 5000 人，固定资产达 10 亿元。这其中资本运作起到了很大的作用。

对付外患靠资本收购，对付内忧靠股权改造。1999 年后，卢楚其为了应对企业内部体制和管理的危机，逐步着手万和集团股份制改造，形成了“家族核心控股 + 职业经理人参股”产权模式，创造性地解决集团对立的“发展问题”与“安全问题”（卢氏家族对万和的控制力）。

卢楚其说：“如何避免发生股东之间的纠纷，这就是怎么选择合作者的问题。这个是最困难的事情。你别看我两个弟弟一个徒弟，应该都听我的，但是他们有他们的思想，所以不可避免会有不同意见的时候。这样的关系就像一只领头羊和一个羊群的关系。领头羊要冲在前面，有陷阱的话它要先掉进去。它要义无反顾地一直领着这个羊群以最快的速度奔跑，在这个过程中建立羊群对它的信任。但是如果领头羊发现陷阱，就放一只羊先去跑，那早就完蛋了。为什么有人做不了领头羊，因为有好处就先自己捞了。”

资金是企业的血脉，很多企业就是倒在了资金链失血上面。在企业遇到困难的时候，融资显得尤其重要。这个时候引进外资，是实现产业突围最重要的路径。

掌控股权有利于抓住企业根本

史玉柱认为，对于公司的股权，只有牢牢掌控，才能抓住企业的根本，不至于陷入被动的境地。史玉柱说："我从此再也不搞股份制了。母公司一定是我个人所有，下面的分公司我可以考虑控股。中国人合作精神本来就很差，一旦有了股份，就有了和你斗的资本，会造成公司结构不稳定。"

之所以如此坚决，源自于他的前车之鉴。1989 年 8 月底至 9 月初，经朋友介绍，史玉柱招聘了 3 名员工。到 10 月份，其中 1 名员工说："我们每个人都应该持有股份。大家应该将赚到的钱分掉。"史玉柱不同意，主张继续打广告。他对员工说："股份的事情可以商量，但每个人 25% 不可能。软件是我开发的，启动资金是我出的，我至少应该控股。可以给每人 10% ~ 25%。"但是，这两位员工嫌太少，闹僵之后，史玉柱非常愤怒，将电脑摔在地上。管财务的员工不参与，另外两名员工只好抱着剩下的几台电脑和打印机，扫兴地夺门而去。

这次经历对史玉柱的影响很大，他坚持认为，以后所有的"根公司"必须自己一人独资。对高管，他采用高薪加奖金的形式，从不许诺股权。他说："后来我就给我的高管高薪水和奖金，就是给比他们应该得到的股份分红还要多的钱。我认为，这个模式是正确的，从此以后，我的公司就再没发生过内斗。"

股权集中的重要性在史玉柱心中的地位始终是不容动摇的。2001 年，他复出之后，在央视《对话》节目中谈道："民营企业，开创初期不能股权分散，凡股权分散的企业，最后只要这个公司稍微一有起色，赚了第一笔钱开始就不稳定，就要开始闹分裂，很多企业垮掉，不是因为它长期不赚钱，而是因为它赚钱，马上就垮掉了。"

万通董事长冯仑也认同这一观点，他说："企业第一阶段都是排座次问题，第二阶段是分经营问题，第三阶段是论荣辱问题，所以我同意史总的意见，一开始产权相对集中，有利于企业的稳定。”

事实上，股权集中并非百利而无一害。史玉柱也意识到股权过分集中，在企业稳定发展的阶段对企业发展会有不利的影响。他表示：“珠海巨人没有及早进行股份化，直接的损失是最优秀的人才流失，更严重的后果是在决策时没人能制约我，以致形成家长制的绝对权威，导致我的一系列重大决策失误。珠海巨人的决策机制难以适应企业的发展。巨人集团也设立董事会，但那是空的。我个人的股份占 90% 以上，具体数字自己也说不清，财务部门也算不清。其他几位老总都没有股份，也无法干预我的决策。总裁办公会议虽然可以影响我的决策，但拍板的事基本由我来定。现在想起来，制约我决策的机制是不存在的，这种高度集中的决策机制，在创业初期充分体现了决策的高效率，但当企业规模越来越大、个人的综合素质还不全面时，缺乏一种集中决策的体制，特别是干预一个人的错误决策乏力，那么企业的运行就相当危险。”

虽然史玉柱看到了股权集中的弊端，但他认为股权的过分分散，对于企业的发展也有很多坏处。对于新浪较为分散的股权，他发表了自己的看法：“太分散了对企业长期发展不好，我觉得新浪现在需要一个大股东，就像张朝阳、丁磊那样，但它现在形成大股东难了。那些很有钱的，比如说基金，进来对它帮助并不大，我觉得它需要一个灵魂人物，这个灵魂人物是个大股东。它现在盘太大了做不到。”

史玉柱进一步总结了股权在企业发展的各个阶段的作用，他说：“企业小的时候，就是一个人决策。企业中等规模的时候，它就要靠一个小的集体来决策。企业大了，就按上市公司的规则来做。最终一个企业真要做大，它必须要把这个公司社会化，就是上市，让社会成千上万的人持有它的股份。

事实上，随着股份制在中国的快速发展，史玉柱的初衷也有所改变。在史玉柱涉足网络游戏行业后，他在巨人网络中股份大约占 2/3。刘伟、张路、何震宇、宋仕良、袁晖、汤敏、陆永华都拥有股份，这些都是长期跟着史玉柱的人，他第一次采用股份制的方式和他们合作。也许这个改变是因为史玉柱想更好地激发他们积极性；也许是觉得这么多年了，应该给旧部下一次总回报。但母公司巨人公司仍然是史玉柱独资，巨人网络在上市之后，才使股份制发挥了它最大的作用。

不妨给股权做一下“手术”

正泰集团的成长过程，是一个非常好的中国本土草根企业转变为大型现代商业组织的样本。截至 2003 年，正泰集团已经拥有 31 亿元的总资产、101 亿元的当年销售额和在国内低压电器市场 30% 的市场份额，并已跻身全球五大低压电器巨头之一。在正泰集团不断成长的过程中，创始人南存辉以过人的胆识和谋略将股权不断稀释，从而以较少股份控制了一个庞大的企业集团，使得一个家族企业走向了社会化。南存辉稀释股权经历了家族成员入股、对加盟企业进行股权改造和要素入股 3 个阶段。

1984 年，南存辉与小学同学胡成中每人出资 1.5 万元加破旧的厂房、设备共 5 万元投资兴办求精开关厂，约定每人股权一半。但这种股权分配存在一个问题：两人在企业重大决策中出现冲突时，谁说了算？尽管两人后来约定厂长和法人代表每年轮流做，但终究不是企业长久发展之计。于是两人在 1991 年“分家”。

1991 年 9 月，南存辉在妻兄黄李益的帮助下融资 15 万美元，成立了中美合资温州正泰电器有限公司。此后，南存辉又把自己的弟弟南存飞、外甥朱信敏和妹夫吴炳池以及另一位关系稍远的亲戚林黎明揽入正泰公司成为股东，正泰公司成为典型的家族企业。南存辉的个人股份下降到 60%。

南存辉的第二次产权改革源于国家对柳市假冒伪劣电器的打击。当时存活下来的电器企业不足 20%，正泰公司在这次风波中凭其质量过关脱颖而出。在此情况下，柳市的许多电器企业和正泰达成合作，由他们给正泰贴牌生产，正泰收取 1% 的品牌费和少许管理费。但由于很多加盟企业都有独立的法人资格，很难管理。

1994 年开始，正泰集团开始了对 48 家加盟企业的股权改造，最终完成了对 48 家企业的兼并联合。这次改造中，有独立法人资格的企业取消法人资格（给予其股份），健全了股东大会、监事会和董事会，并且实行了所有权和经营权的分离，加强了对分公司的控制力，使集团成为真正的集团。正泰集团的股东增加到 40 名，而南存辉个人的股份也下降到 40% 左右。

正泰集团在这次股权稀释中获得的好处不只是管理规范化。南存辉说："想想看，那时能够出来跑跑码头，把自己的工厂开起来的人，都有各自的资源和能力，股权稀释了，把一群有能力的人带进了正泰，产品、市场、规模都迅速飙升。"正泰集团因整合了大量的社会资源，净资产从 400 万元左右飙升至 5000 万元，南存辉个人的财富也在 3 年间增加了近 20 倍。

虽然正泰集团在规模上达到了一个空前的高度，但是正泰集团仍然是一个家族掌权的企业。为了留住家族外的人才，实现正泰的可持续发展，南存辉第三次对正泰集团动了大规模股权"手术"。

1998 年，南存辉开始推行股权配送制度，即"要素入股"：管理入股、技术入股、经营入股，这样吸收了几十名"知本"型股东。此时，南存辉个人的股份空前地下降到 20% 多一点，118 位核心股东中，南氏家族成员也只占 20%左右。

正泰集团副总裁王永才总结：正泰集团的股权开放，股东从 1 人到现在的 400 多人，南存辉个人股份从最初的 100% 到后来的 60% 再到 40%，最后不足 30%，现在大家可能更多地会觉得这是由南存辉的眼光和胸怀所致，但在当时这也是形势所迫。正是这种"形势所迫"导致的离散型股权结构、非家族资本的介入,使得南存辉领导下的正泰集团很早就开始实践两权分离（所有权、经营权）和两会制衡（董事会、监事会）的现代企业治理模式。

南存辉认为："中国当前特定经济环境下，出现了很多有代表性的法人治理模式，如大股东意志治理、强人治理、行政治理、能人治理。正泰集团治理模式代表家族企业发展的一种探索，治理模式和以上都不同，它是中国式家族企业文化结合了西方现代公司治理理论，虽然不一定成熟，但具有鲜明的时代性。”

中国企业有一个很有意思的现象。一方面，有一大批担心权利被稀释的经营者、企业家高喊 MBO（管理层收购），结果股权增加了，权利也增强了，在员工和公众中的影响力却鲜有根本改变；另一方面，有一批从来不控股，甚至要继续减持股份的企业领袖，用一种独立于股权之外的力量领导着他们的企业。比如，通信设备制造业老大华为公司，施行全员持股，公司创始人任正非个人持股比例不足 1%；柳传志在联想集团持股比例仅 0.28%；马化腾在腾讯公司也只占有 12% 的股权。但是，没有人否认，这些人在他们的公司里都是绝对的领袖、灵魂人物。员工在团队中为共同的目标而努力，这样的团队才是真正有力量的团队。

上市不一定是为了圈钱

百丽集团旗下拥有百丽、天美意、真美诗、思加图等八大鞋类品牌的 4000 多家连锁店。同时也是耐克、阿迪达斯在中国最大的运动鞋分销商。百丽于 2007 年 5 月在香港上市，短短 3 个多月，百丽的总市值已逼近 800 亿元人民币，悄然超越国美，一举成为港交所市值最大的内地零售类上市公司。百丽集团作为一家从产品设计开发、生产、营销和推广、分销及零售纵向一体化的鞋业企业，此次只是把零售连锁店的资产全部装入上市公司，并将募集资金主要投入到零售店面的扩张计划之中。

在百丽随后展开的系列并购中，以 16 亿元并购森达集团最为业界瞩目，以一线城市为主要市场，以主营女鞋为主的百丽收购以生产男鞋为主的森达，将对国内分散的鞋业竞争格局产生深刻影响。这将提高百丽在消费市场的覆盖率，增加整体收益和利润，并进一步巩固其市场地位。

“最近睡不着了，”奥康集团董事长王振滔说，“原来觉得大家目标客户不同，所以没什么担忧。但前几天我带团队去百丽参观，我突然发现百丽已经在大力推广自己的男鞋了，做女鞋的百丽一只脚已经伸到我们男鞋这里来了。”

据中国行业企业信息发布中心数据显示，森达在2006年中国十大鞋品销售收入名列第五，这只北方的老虎被百丽并购激活后更加凶猛，这震惊了中国鞋企，也极大地刺激了中国鞋业品牌上市融资后进行扩张的欲望。

其中，触动最大的当是有“中国鞋都”之称的温州。这个拥有约2200家制鞋企业，其中规模以上制鞋企业526家、销售年收入亿元以上企业64家的“中国鞋都”，目前竟没有一家企业上市。对上市的不热衷，或许与温州人的天性及所处的创业氛围有关：温州人市场嗅觉敏锐，但同时为人谨慎、低调，因此一直对实业偏爱有加，而对资本运作关注较少，因而理解不深也不感兴趣。

2007年9月，作为内地最大的民营制鞋企业，奥康与全球最大的战略管理咨询公司之一科尔尼结成战略联盟，为登陆港股“备战”。“资本市场大热之时，内地鞋业市场正从产业经济向资本经济转变，市场份额的进一步集中已可预。”王振滔表示，在这个追求速度的时代，温州制造企业也开始考虑资本的力量。

温州市上市办工作处处长陈基义认为：“上市并不是为了‘圈钱’，很多民企逐渐意识到要想把众多资源聚集起来，最有效的方法就是资本运作。”温州鞋企如奥康、红蜻蜓、康奈、意尔康等这些一线品牌均具备上市的条件，因为不论从品牌知名度、产品研发、产能、品质、渠道掌控、销售网络、终端形象、资金、人才储备以及赢利能力都比较强。百丽的上市与并购，让温州鞋业老板认识到企业只有借助上市，学会资本运作才能做大做强，才能继续在市场上生存。由于2008年遭遇前所未有的资金困难，原材料涨价、劳动力成本上升、人民币升值等给企业带来巨大压力，大企业要解决融资难题，上市已成共识，这使得温州鞋业上市的步伐进一步加快。

俗话说“甘蔗没有两头甜”，任何事情都不是只有好处，没有一点儿坏处的，我们应该客观看待。企业上市肯定是有好处的，比如可以不断利用增资配股筹集资金，还可以增加企业的净市值和债务、股权比例，借到低息贷款。如果企业能成功进行境外上市，其在业务市场上的地位自然会大幅度地提高，公司的名声及信誉也会提高，这有助于公司巩固现有的业务，拓展新的业务，也方便兼并收购，促进公司超常发展。

但是，上市也有不少值得我们注意的弊端。网易 CEO 丁磊公开自己对于网易上市时说，“上市就像裸奔，我现在追悔莫及，好像是年轻时犯下的美丽错误。”网易于 2000 年成功登陆美国纳斯达克。丁磊说，“上市会导致公司过于透明，在这方面在美国上市的网易吃亏尤大。”丁磊介绍，美国股市每期季报都要求公司披露详细财务报表，网易每款游戏的赢利收入、玩家的增减比例都需要详尽介绍，对于公司近期的战略安排也要披露，与不上市的对手相比，网易就成为一个“透明人”，“好像裸奔嘛，一举一动对手都清清楚楚”。

雅虎的创始人杨志远在旧金山举行的 Web2.0 会议上说，如果他有机会重来，他不会让雅虎这么快上市。过早上市使雅虎公司成为 2000 年初互联网泡沫破裂的最大受害者之一。

由此可见，创办一家强大的公司比上市更重要，上市并不是为了圈钱，等企业各方面发展都比较成熟了再上市，对企业和股民都是比较好的交代。上市的目的是让公司运转得更好。但是上市需要具备很多的条件，只有当时机正确、公司内部管理比较完善的时候上市，公司的发展才会更稳一些。

下篇

企业内部管理

PART

第十四章

14

产品管理——帮你打开销路

给产品起一个好名

希望集团创始人之一的刘永炬曾说："公司的利润从哪里来，要靠消费者买你的产品，消费者愿意出钱，首先是冲着你的产品，而不是你公司的名字。像你们漯河这些中小公司而言，品牌建设的落脚点更应该是产品品牌而不是公司品牌。没有产品品牌，就别奢谈公司品牌。即使是对大公司而言，产品品牌仍然比公司品牌更重要，全球500强公司也都是靠优秀的产品（或服务）站住脚的。"

一个人如果有个好名字，不仅叫起来朗朗上口，而且想起来或气势不凡或意味深远，能给初次见面的人留下不同凡响的深刻印象。同样的道理，一种产品诞生之后，还必得有个好名称，好牌子，只有当产品有一个有特色、易读、易记的名字，才更容易被消费者接受。

拿中国百姓熟悉的可口可乐来说，它最初被人译为"口渴口蜡"，结果因为谁也不愿意"口渴时喝蜡"而无人问津，销售业绩惨淡。后来在精通中西文化的专家蒋彝的帮助下，换成"可口可乐"——喝起来既可口，又能使人快乐，而大受中国人的欢迎。好的名字往往为产品成功添加重要砝码。深入分析产品个性，以新、奇、特之语命名之，常常能够出其不意，事半功倍。产品命名时必须把握以下几点：

（1）另类思考，出奇制胜；

（2）借力使力，尽可能凸显功效；

（3）朗朗上口，中听易记；

（4）尊重文化，切不可哗众取宠。

好产品一定要有生命力

当产品过时或质量差时，可想办法寻找产品的第二次生命，让看似死掉的产品活起来。一般来说，可根据实际情况，灵活运用以下反败为胜的策略。

1. 改变产品特性

当公司投资生产的产品不能被消费者接受时，可试着改变产品的特性，并对它进行重新定位。

一般来说，在改变产品特性时要注意以下几点：

（1）注意对产品进行准确的定位；

（2）注意寻找突破口；

（3）注意对市场进行细分，突出产品的特性。

2. 改变产品用途

产品和人一样，都有一个生命期，当产品的成长过程结束后，就进入衰老期，从而使销售骤减，利润急降，甚至开始赔本。此刻，如果完全弃掉产品，也许还没收回投资成本，或者放弃产品后公司还暂时找不到合适的替代产品。总之，放弃已投资的产品可能会给公司带来败局。在这种情况下，可考虑改变产品的用途。一般来说，改变产品的用途可从以下几方面入手：

（1）分析该产品以前的用途，思考该产品还可用于哪些方面；

（2）分析该产品以前的使用对象还有哪些需求，该产品能否满足他们的需求，或稍稍改变一下能否满足他们的需求；

（3）分析需求市场的变化，思考该产品如何改变以适应市场。

3. 改变商品的市场取向

有时导致产品没有市场的原因是因为产品的定位不正确，这种情况下可用改变产品定位的方法。产品定位是民营公司经营策略的一种行之有效的办法，可以引导经营目标的实现。但产品定位必须附在市场的机会里。机会在哪里？经营者必须首先弄清楚这个问题，除了寻求差别的利益之外，还要充分考虑民营公司资源和市场机会成功的吻合度。另外，是否能最大限度满足消费者的需求等，也是产品定位的基础。一般来说，在改变产品的定位时要注意考虑以下几点：

（1）产品的主要顾客应是哪些群体，他们在产品上主要寻求的功能是什么；

（2）产品消费者的经济水平如何，他们接受什么样的价格；

（3）产品消费者将在何时、何地、通过何种方式来购买；

（4）产品消费者的文化、心理、偏好和使用方式等其他特点。

4. 制造需求

有人说，优秀的公司满足需求，伟大的公司制造需求。对于民营公司来说，如果投资生产的产品在市场上没有需求，产品无法销售出去，那么公司的投资就只能石沉大海了。这时，如果能够制造需求，也能焕发商品的第二次生命，那么公司又可分享反败为胜的硕果和喜悦了。

确立产品优势重在寻求差异

差异可以来自于广泛的方面，从产品的性能、质量、价格、外观到产品的营销、售后服务，等等。但它的一个重要的前提是，这种差异应针对特定消费群体所重视的某一种或数种需求。典型的如化妆品，就消费者的购买行为来看，大多数消费者是从产品的外观，如包装设计、色泽和气味决定是否购买，因此，任何化妆品厂商都会不惜代价地大做广告和在产品外观设计上力求标新立异。同样的例子，也很容易在女性服装、儿童玩具、食品饮料等市场上观察得到。

针对特定消费群体所重视的某一种或数种需求来形成差异，显然包含着两个基本的内容：

（1）明确定义产品或服务的消费群体，是一般收入阶层还是高收入阶层，是男性还是女性，等等。金利来把其系列产品的对象定位为高收入的男性顾客，而华歌尔则是专为讲究生活质量和品位的女性顾客服务的。对象清楚了，产品的市场定位也就会相应地明确下来，从而可以根据特定的消费群体需求的具体特点，把握产品的设计准则。

（2）在这一基础上，分析这些具体特点哪些是对满足消费者需求最为重要的，或者说最有可能激发消费者购买意愿的因素是什么，从而着重突出它，以形成与同类厂家完全不同的产品风格。如金利来系列产品，从领带、衬衣、皮带到皮包、皮鞋等，都力求体现出男性的绅士气派；华歌尔女性内衣系列产品，则着重强调女性高贵、典雅和形体美的特色。

差异同样也会产生于特殊的历史背景、文化传统和制造的专门技术。一个很明显的现象是，我们可以很容易地比较和辨别出不同国家同一类产品的特色，如就汽车或电器产品来说，日本的产品突出表现出轻巧、精于细节的特点，德国的产品显得庄重和质朴，而美国的产品则充满浪漫与大度的风格。

专业可以促进卓越

在商业圈里，流行这样一句话：“懂哪行做哪行。”也就是说，作为商人，你必须对所从事的行业特别了解，而且要深入了解，能掌握别人不能掌握的技术，能看到别人看不到的市场和利润点。怎么做到这一点呢？那就要专注，力争使自己成为这一行的行家。成功的大公司总经理，都可以堪称本行业的专家。

老字号为什么可以经营得长久？因为老字号专注、专业。现代社会是一个市场竞争日益激烈的社会，任何一个公司想要在竞争中获胜，都需要有正确的经营方向。一般来说，高明的决策者不会不分轻重，把有限的资源“天女散花”，搞小而全，而会集中优势兵力打歼灭战，走专业化的路子，抓住一个商机带动全局。

美国的柯达公司是闻名全球的公司，但进入20世纪80年代后，一帆风顺的柯达公司在经营道路上遇到了史无前例的困难与考验。当时，美国国内市场已经处于饱和状态，要继续提高公司的经济效益，只有靠打破均势、挤占竞争对手的市场份额来实现。然而，以富士公司为首的日本公司以强劲的势头闯入美国市场，对柯达公司造成强有力的挑战。面对“内忧外患”的处境，柯达公司的决策者为了提高公司效益，决定从困境中求生，实行多元化经营战略，进入药品、日用品、化工产品等生产领域。

然而，贸然进军新的行业，使柯达公司的核心业务——胶卷生产受到了严重的冲击。在短短的几年里，柯达公司在富士、柯尼卡公司的夹击下节节败退，昔日战无不胜、攻城略地的风采荡然无存。

当一个公司经营出现困难时，一般有内部原因和外部原因。一件产品完成了它的历史使命，虽不情愿但又不得不退出历史舞台的时候，对于生产它的公司来说，只有无奈地选择限产或停产，这就是外因造成的。如果选择停产的话，公司要是想继续生存下去，就必须转而生产别的畅销的产品，但前方漆黑一片，贸然迈步就可能坠入深渊，这就存在一个选择认对路的问题。

公司转型从投入资金准备到训练员工，以至新产品营销，都要进行调整。转产后的新产品销路好，前途一片光明。新产品卖不出去则面临新一轮的淘汰，公司则会因此面临困境。任何公司的转型都是一场冒险，其中关键就是认对路。只要方向正确，即便一时打不开局面，市场最终还是你的。

1993 年 8 月，韦特摩尔被请下柯达公司总裁的宝座，董事会重新请摩托罗拉公司前任总裁乔治·费舍出任柯达执行总裁。费舍果然出手不凡。他快刀斩乱麻，将药品公司、柯达公司临床诊断业务以及家用清洁剂公司全部抛售，并且重新将公司的营业重点集中在它的核心行业，即影像事业上。资产出售帮助费舍大幅度削减了公司的债务，从 1993 年的 75 亿美元减至 1994 年的 15 亿美元。

柯达公司的再次辉煌，取决于费舍砍掉公司不擅长的业务，专注于自己的优势领域，并加强这种优势，使一种膨胀、自大和等级化的管理体制重新获得活力。这一点虽然是无形的，却是至关重要的。

高新技术可以延长产品寿命

著名经济学家厉以宁说："当今世界，商业的核心是高新技术。商家竞争的成败在很大程度上取决于产品的技术含量，而产品的技术只有取得法律保护才能在市场上获取更大的、持久的经济效益。"

现代科学技术的发展，使产品寿命不断缩短。过去要几十年或几年才更新一次的产品，现在可能只要几个月。就连集中了高技术的计算机行业，也几乎是几个月就更新一代。这种日新月异的变化，给企业的技术创新带来了"威胁"——新产品加速老化，或许企业还没来得及轻松品尝一下自己创新的甘甜，创新利润就已经消失了，因为市场竞争是无情的。因此，企业只有通过不懈地技术创新，利用高新技术来延长产品的寿命，才能提高产品的市场应变能力。企业运用技术获取市场的方式有以下 3 种：

（1）技术使用的用途拓宽，如杜邦企业将用于战争的炸药改为拆建设物中使用的炸药，将战争中用的尼龙伞变成平时使用的尼龙袜；

（2）技术使用的空间范围的拓宽，如发达国家的小汽车向发展中国家输出；

（3）时刻把握技术发展趋势，在技术上延伸，即不断进行技术创新，运用高新技术力争产品在技术上领先，一般来说，这才是从根本上获得永久竞争力的方法。

企业的成与败就在于新技术的用与弃上。事实证明，使用高新技术可以使企业勃然兴起，是企业迅速做大做强的捷径。

高新技术可让企业后来居上

利用开发高新技术，可以让公司保持产品的技术优势和市场优势，从而使公司独享超额利润；将公司引入一种超速发展的境地，后来者也可居上。

欧莱雅是法国一家生产护发剂和化妆品的公司。过去，它在同行业中一直鲜为人知，属于那种普普通通的“末流”公司。然而，在公司总经理戴尔的带领下，欧莱雅不懈地进行技术创新，如今已成为世界第三大化妆品制造公司，它的营业额仅次于美国的雅芳和日本的资生堂公司。

欧莱雅公司在研制新产品方面敢于投入。总经理戴尔是一个思想敏锐、管理严谨、作风泼辣的人。为开发新产品，他常常和部下在会议室里“争执”。他也经常鼓励员工要勇于向其上司提建议。欧莱雅公司在研究出一种新配方时，先用兔子、老鼠、假发，甚至手术刀切下的皮肤来做实验。为了实验染发剂在世界各地各种气候条件下的使用效果，他们在实验大楼内设立了“赤道阳光”“英国浓雾”“北极寒冬”等模拟环境来进行产品的“临床试验”。像这样耗资惊人、设备先进、人才一流的研究开发，一般化妆品公司不敢问津，同时也舍不得投入这么多资金。此外，欧莱雅公司还采用与美国研究月球地形设备相同的仪器，来研究人类脸部皱纹产生的情形，并将尚未研制出新产品的新配方同时用在其他产品上，以拓展自己的市场。

由于欧莱雅公司注重利用高新技术，所以它的一种新型固发剂刚一上市，立即就饮誉市场，连最挑剔的美容师也赞不绝口。

欧莱雅公司就是靠高新技术来提高其产品的应变力，后来居上，由末流公司成为世界一流的化妆品公司。

PART

第十五章

15

创新使企业长盛不衰——成为不倒翁有方法

创新使企业立于不败之地

一个企业不懂得创新，等于自己把自己推向绝路。道理很简单，你不变，别人变，等于你越来越落后，你落后了，还有出路吗？

企业的生存发展决不能靠企业管理者的一意孤行、墨守成规、一成不变，只有通过企业管理者坚持不懈的创新，才能使企业有市场、有生命力，才能获得成功。同时，企业管理者自己也能获得应有的回报和创新魅力。

很多的下属，往往会忽略所在企业的工作规则，因此，企业管理者会经常质问下属：“目前公司有哪些条文规定？请你加以说明。”企业管理者以为，若不这样，下属在精神上根本不会关心到这个问题，更甭提以这些规则为基准，来从事他们的工作。若真是这样，那么这种管理者只是在做表面工作，忽略了工作真正的内涵。

另一个问题则是关于规定本身。制定规定目的在使一些暧昧不明的事项，经过明确判断，定出一些共同的标准。因此，它是具有时间性的，同时，也是为适应时代、环境而订出来的，因而绝非是不变的。当时代、环境变迁时，规定必然也会跟着失去合理性或时间性，因此，如何使规定切合实际的需要，这是企业管理者工作最重要的一环。

这里有一则故事，大意是有一个不擅指挥、无能的连长，获得了一项最高荣誉，原因来自一个规定：凡连队中有任何官兵，在军事演习时，获得最高成绩，则连长可获最高荣誉。这项规定在当初制定时，可能基于某种因素，但后来实施起来，则显然过于迂腐，因此才会产生无能长官接受褒奖的情形。

在你的周围，有类似这种滑稽的规定吗？例如，以发生意外事故记录的多寡，来决定是否表彰员工，像这项规定，同时运用在危险性少和危险性高又忙碌的工作场所，未免过于笼统。表扬无事故记录的员工，固然很好，但却要仔细考虑各种不同的情况，再拟订适当的规定。

假使墨守成规、不加改进，则表面上看起来妥善完备的规定，实行起来往往会引起料想不到的纠纷。规定是人制定的，但往往规定一订，却回过头来把人套住。也就是说，当初制定时，是大家绞尽脑汁想出来的，但经过一段时间后，就与实际需要脱节，而产生种种缺陷。若要加以修正，则须花费相当的时间和精力，因此，人们只好继续墨守成规，成为规定的牺牲品。

总之，一个企业管理者必须时时注意自己所订的规定，是否有不合情理之处或不切实际需要。一旦发现有这种情形，就应当拿出魄力，不畏艰难，确实地加以创新，这一点是千万不可忽略的。创新越多，你的企业就越充满活力。

跟着别人跑没什么发展前景

很多企业都想使自己有一点特色，即个性化，但又苦于无路可走、无计可施，所以开始模仿那些成功企业，一天两天过去了，一个月两个月过去了，一年两年过去了，结果就是跳不出模仿的圈子，反而束缚了自己的创造力，这是要命的。

企业管理者的创新一定要有自己的风格，否则谈不上有自己的创新魅力。创新不能成为“模仿者”。企业管理者在激烈市场竞争中，应根据自己的风格对产品进行各种改进、变换和扩充，使产品更有应变力和竞争力。

现代人追求的是个性，社会发展也要“有自己特色”，的确，没了个性，没了特色，变得与他人一样，确是让人无语。

企业管理者和下属的关系也要有一种特殊的风格，既不同于作威作福，也不同于绝对服从。举例说，大家都知道，马术的最高境界是“鞍上无人，鞍下无马”，这正是鞍上有人，鞍下有马的极致。而达到这一极致，则是人与马不断冲撞，不断控制与反控制，利用引诱与恐吓交错的手法，使人的驾驭与马的反抗达到一种默契与和谐，最后达到较高境界，可以说，此时风格已经形成。

同样，企业管理者与下属之间难免会有磕磕绊绊，无法容忍下属“反抗”的企业管理者，愚蠢至极；而不知“反抗”的企业管理者下属，则无创意可言。要明白如下两点：

（1）这种“反抗”像新鲜血液，能使僵化的机体重新活跃。如果企业只有企业管理者一人说了算，下属只会被动地服从，那么这样的机制早已失去活力。

（2）“反抗”可以改善企业管理者与下属的关系。企业管理者指挥手下众多兵马，难免有时不公正或无故挑剔，影响了上下之间正常关系的发展。而下属的“反抗”则给企业管理者打了一针清醒剂，提醒他是改变的时候了。

因此，企业管理者与下属之间应该达成有“反抗”又有妥协、有和谐又有冲突这样一种独具风格的关系，才能使上下之间的关系永远充满活力。

多给自己的大脑装点智慧

企业管理者如何进行创新呢？或者说用哪些技巧进行创新呢？

任何经营只有在有了称职的人才之后才能发展下去，无论具有怎样优秀历史和传统的企业，如果没有正确继承其传统的人，也将会逐渐衰败。经营的组织、手段固然重要，但掌握并使之发生效力的仍旧是人，不管创造了多么完善的组织，引进了多么新的技术，如果没有使之发生效力的人，也就无从取得成果，也就不能完成企业的使命。可以说，企业能否既对社会做出贡献，又使本身发展下去，关键在人。

就企业经营而言，最重要的首先是寻求人才、培养人才。

在企业规模还很小的时候，松下幸之助就常常对职工们说：“如果有人问‘你们那是做什么的?’就请你们回答‘松下电器企业是培育人才的。’我们企业生产电器产品，但制造出产品之前，首先培养人才。”生产优质产品是企业的使命，为此必须培养出与之相适应的人才，有了人才自然就能生产出优质产品。

那么，怎样培养人才呢？恐怕要具体问题具体分析，但最为重要的乃是要具有基本的观点，即作为企业应该具有正确的经营观和使命观。

要经常地将经营观和使命观灌输、渗透给员工。假如经营观只是写在纸上的文章，那是一文不值的，它要成为每个员工的血肉，才能发挥作用。因此，必须借助一切机会反反复复地把企业的经营观和使命观灌输给员工。

当然，这并不意味着经营者单纯地去讲解观念，而是在实际的日常工作中去说那些应该说的话，纠正那些应该纠正的事情。应该说的必须说，应该申斥的必须申斥，这不是根据个人的感情来做的，而是站在使命观的高度上的提醒。这种严格的管理，有利于被申斥的人觉悟并成长。不用说，假如不申斥的话，下属是满意的，上级也是安逸的。然而，我们一定要铭记，这种得过且过的做法是决不会培养出人才的。

同时，还要敢于大胆地分派工作，并让担任了工作的人能够在自己的责任和权限范围之内自主地进行工作。所谓培养人才，归根结底就是要培养出懂经营的人，培养出能够用经营意识去从事任何一项细小工作的人。为了培养出这样的人才，不能什么事都左一道命令，右一道命令，否则只会培养出一些唯命是从的人。由于敢于大胆地分派工作，所以，担任了工作的人就会下工夫开动脑筋想办法，充分发挥出自己所具备的能力，而且也就相应地成长起来了。松下电器企业的事业部制，从某种意义上来说，就是将这些做法形成了制度化。事业部并不只是经营体，其中的每项工作都具有这种思想，并将这一思想灌输到一切工作之中。

虽然应该在广泛的范围之内分派工作，但必须牢牢地把握住基本方针。否则，分派工作后各行其是，整体就会变成一盘散沙。说到底，就是要基于一定的方针给予权限。因此，企业的基本思想和经营观在这里仍然是极其重要的。可以说，只有个人根据经营观去从事自主性的工作，才能培养出人才。

培养人才，并不是说培养出能干工作、技术精湛的人来就可以了，这一点需要特别加以注意。本领和技能的确很重要，企业不能没有这方面的人才，这是很自然的事情。然而这些人作为个人也好，作为社会人也好，都应该是优秀的人。尽管能够出色地完成工作，但作为社会人如果有缺陷的话，仍然不是当今时代令人满意的人才。

不妨大胆地闯一闯

做生意就是一场冒险游戏。有时要勇敢大胆闯一闯。

“先探门路再走。”这是赞赏那些做事谨慎的人所说的话。而在企业管理中，如果企业管理者常常畏首畏尾，不敢大胆尝试新的方法，魅力会大打折扣。企业管理者应有冒险家的胆识，在冒险中创造业绩，增加自身的魅力，使企业获得更大的效益。

有些人认为，当下定决心做或不做一件事情之前，要先仔细调查。然而，往往愈仔细就愈谨慎，以致最后结论是——不要冒险。有人以为，像这种事先探路、仔细考虑的态度，会大大地影响决心，如此一来，就永远别想有所成就了。即使是在事前经过详细调查，但仍无法完全做到防范危险的可能，因此，在做一件事情时，具有向冒险挑战的精神与决心，反而更能克服困难。

的确，谨慎过头就不足以成事。冒险需要有勇气与资本（这里所谓的资本，即指企业领导者的援助或下属的协助），不能单凭感觉或运气去冒险。但也不能经过苦心“计算”之后再行事，否则，就不能称之为冒险。若能从不确定的情报中，靠着某一种灵感去冒险，可能有成功的机会，但有时也会招致失败。

身为企业管理者，当面临这种冒险时，同时会成为上级及下属严厉批评的目标。然而，眼看着大好机会，因畏惧冒险，白白地让其他企业占了先机，更是得不偿失。

常言道："多一事不如少一事。"由此可见，不少人都有"不做不错"的观念。因而，如何鼓励他们多做，则与企业作风、管理者性格有很密切的关系。

当下属发生错误时，多数企业管理者就在其考绩上扣分，每错一次扣一分，而且往往只扣不加，然后再以错误多寡评定下属能力。像这种只会扣分的企业管理者，很显然必会阻碍下属向上的欲望，养成不做不错、一味保守等消极态度。

身为企业管理者，一定要有这种胸襟：当下属偶有小错时，尽管睁一只眼闭一只眼，而当他出了可喜的成果时，务必多加赞赏与鼓励。切莫过于苛责下属，最好将扣分原则改成加分原则。

让创新意识在员工的心中生根发芽

好公司都是点子公司，都是创新公司，这是管理者善于开发创意的结果。好管理者，要让创新意识在员工中扎下根。

开发创意性思考的另一个问题便是：大部分人通常怯于发表自己的新看法。对这些人，除非先鼓励他们培养自信心，否则很难让他们的创造能力完全发挥出来。要让员工对自己有信心，最好的方法便是对他们表示信任。有些人在这一方面很需要特别帮助，参加卡耐基的沟通和人际关系课程培训，可以帮助他们培养自信心。

管理者可以协助员工克服发挥创意的障碍，其中之一便是养成顺应环境的习惯。他们不想有与众不同的思想，正如他们不想在衣着、言谈、举止方面与别人不同，我们要让这些人多多接触一些新观念。事实上，许多发明往往是一些有勇气破除旧习或打破传统的人（团体）做出来的。

要鼓励员工培养创意性思考，管理者应随时注意倾听他们所表达的新观念。无论这些观念如何荒唐可笑，也不可妄下结论："这行不通！"要审慎地与当事人做进一步讨论，看看是否能发现该观点的亮点。在你评估意见的时候，要先称赞员工提出意见的积极态度。若有需要批评的地方，也应采用肯定的态度。例如，最好不要说："那太花钱了。"最好是说："你有没有先算一下费用？"如此一来，当事人自然会发现费用的问题，说不定还能想出更好的方案。要记住，一个"与众不同"的人所提出的方案，有时会不合实际，但千万别因此而对其表示轻视，这样会永远扼杀了他的创意。

发展创意性思考的另一障碍，是许多人一旦决定做事的方法，便不愿轻易改变，这些人对不同的意见往往固执地掩起双耳。卡耐基说过："时时敞开你的心灵准备接受改变。要欢迎它，取悦它，要一再检验你自己原有的意见和看法。"这是所有管理者应该遵循的原则，也应该鼓励员工这么做，如此才能开发出所有人的创造性来。千万不要说："我们一向是这么做的。"这会扼杀了许多新的好主意。

比较复杂的障碍是许多人对问题的认知程度常有不同，甚至同一个人在不同的时间，对同一情况也有不同的看法。心理学家对这一类认知问题有相当深入的分析，认为人们会有意忽视那些干扰他们或混淆他们原有想法的事物，除非他们把这些外来的影响驱除掉，并认清自己一向所持的认知态度，他们才有可能改变以后的认知态度。

假如管理者能营造起接受新观念的气氛，鼓励员工读书或参加研讨会，让他们参与富有创意性的活动，这些都可鼓励员工发挥创造潜能。这些努力有朝一日必有收获，员工的创意性贡献必可促使公司成长。更重要的是，这些贡献新观念的人也会一同成长，并更具活力，更有成就感。

创意的好处当然很多。根据美国参加过卡耐基的公司管理者训练班的学员报告，不计其数的意见，尤其是各种创新的意见，每年为许多公司节省了成千上万的金钱和大量的时间。

赢利在于创新

有一句老话叫"1个和尚挑水吃，2个和尚抬水吃，3个和尚没水吃。"这个观点过时了。经济学家现在的观点是"1个和尚没水吃，3个和尚水多得吃不完。"

著名经济学家厉以宁讲过这样的故事：

有3座庙，这3座庙离河边都比较远。怎么解决吃水问题呢？第一座庙，和尚挑水路线比较长，一天挑了一缸就累了，干不了了。于是庙里的3个和尚商量，咱们来个接力赛吧，每人挑一段路。第一个和尚从河边挑到半路停下来休息，第二个和尚继续挑到山门，又转给第三个和尚，挑到厨房倒进水缸，空桶回来再接着挑，大家都不累，水很快就挑满了。这是协作的办法，也叫"机制创新"。

第二个庙，老和尚把3个徒弟都叫来，说我们立下了新的庙规，要引进竞争机制。3个和尚都去挑水，谁挑得多，晚上吃饭加一道菜；谁挑得少，吃白饭，没菜。3个和尚拼命去挑，一会儿水就挑满了。这个办法叫"管理创新"。

第三个庙，3个小和尚商量，天天挑水太累，咱们想想办法。山上有竹子，把竹子砍下来，中间捅通，连在一起。然后买了个辘轳，第一个和尚把一桶水摇上去，第二个和尚专管把水倒入竹管，第三个和尚暂时休息。3个人轮流换班，一会儿水就灌满了水缸。这个办法叫"技术创新"。

由3个和尚没水喝，到3个和尚通过不同的办法达到共同的目的，关键在于不局限于固有的思维，发扬了团结协作、良性竞争、开拓创新的精神，自然产生了意想不到的结果。

[illegible]

[illegible]

[illegible]

[illegible]

[illegible]

[illegible]

[illegible]

PART

第十六章

16

时间管理——时间就是金钱

没有期限就不能称为工作

俄国作家雷巴柯夫说过："时间是个常数，但对勤奋者说来，是个变数，用'分'计算时间的人，比用'时'计算时间的人，时间多几十倍。"当我们在谈论效率问题时，不可回避的就是工作实效。要知道，没有期限的工作是不能称之为工作的。

工作是通过某种形式表现自我的方法。无论什么职位上的工作，若不用某种形式表现出来，那就像水中捞月，是空的。所以，我们说，工作还有另外一个解释，就是必须在所规定的时间内完成一定的工作量。

在商场上，即使只有百分之一的可能，若能充分利用这百分之一的可能，也能确定工作的方向，尤其在企划和开发方面，这样的例子不胜枚举。这也就是说，在期限内究竟能够把工作做到怎样的程度，是决定胜负的关键，超过期限的工作是完全没有意义的。

职场上有各种必须进行的工作，但只有决定了期限的工作才是应从事的工作，所以大家应该把"期限"这个概念灌输到脑中。工作常常是与期限联系在一起的。也就是说，在掌握工作的基本概念时，一定要记得在期限内完成该做的事。"切勿坐耗时间，须知每时每刻都有无穷的利息；日计不足，岁计有余。"这是美国科学家富兰克林的名言。这个利息是多面的，大到企业的生存，小到员工的薪金。所以，每个人都应该养成始终把握期限的习惯。也就是说，在接受工作时，必须同时考虑到相应的期限，以及如何在期限里出色地完成任务。

"这项工作，到什么时候必须完成呢？"

如果时间充裕的话，就很可能会得到"尽可能快一点"的回答。但重要的是，我们还要深入去了解所谓的“尽可能快一点”，是指别人究竟期待要多快。还有你是否具备了快一点的能力，这就是所谓的效率。

这时，你不妨这样问自己：“现在我做这项工作大概要花多少时间，在这之后，准备做哪件事，大概会进行到明天上午11点左右，那么这项工作和那项工作，究竟哪一项先做好呢？”

这样就可以把工作的优先顺序和必要性、期限等都搞清楚，不致延误工作的进程。

每艘船的船长都会将每天的行程放在视野所及的地方。

飞机上的飞行员都能随时准确地告诉你飞机所在位置及飞行高度。

企业家和员工也要懂得这个道理：任何实现目标的行动都不是盲目的，行动前的预测性和前瞻性是保证企业效益的重要依据。

所以，企业家也要像船长一样，在企业运营上，有个完善的计划，对员工的工作进度有个整体的把握，这样就能做到有的放矢，更好地完成计划。

所以，员工也要像飞行员一样，在实际工作中，有个完成任务的时间表，以明确何日何时能完成何种工作，这样就能如期完成相应的工作量。

一个刚入职的员工在进入任何一种工作领域时，都必须强制性地记住每项工作的任务，这对于日后更顺畅地同时完成几项工作、对完成某项工作所花时间的控制、所进行的工作能否达到标准等，都会产生很大的影响。

职场上很多人都有这样的困惑：我大约有八成的工作都能尽快完成，剩下的二成却必须花相当多的时间，我该怎么办？其实，在工作进程不顺时，一般人都会考虑是继续努力完成呢，还是就此搁置，或是先做其他的。

对此，我们必须要有明确的判断。如果把所有的工作都集中在某一时间段来完成，可能只会事倍功半，不可能取得很大的进展。特别是在进行规划和开发之际，如果不经常接触信息，就不能在需要时有准确的判断。因此，单一的工作方法，有时会使人疲惫不堪而毫无成效。要想成为一个工作快手，就有必要在兼顾期限的同时广泛而全面地展开工作，并且对以后的工作也须预先进行充分的准备和考虑。

工作效率与工作期限是一个问题的两个方面。员工要在期限内完成工作，是完全必要的。在时间的海洋里，善于利用时间的人，永远找得到充裕的时间，会合理安排时间的人，就会节省很多时间。不要将工作期限当作负担，而要将之当做工作的动力。

工作的安排要有先有后

有的企业员工时常报怨，工作千头万绪，像是一团乱麻，一时都不知从何下手，而工作的进度又这般紧，该如何应对呢？经验丰富的员工会告诉他们：这工作先后可是有讲究的。在各式各样的工作都有期限的基础上，要提高工作效率，不但要干得好，还要干得巧。这里面的奥秘就是安排工作的能力。

所谓安排工作的能力就是安排工作先后顺序的能力，即在制订计划、构思的时候，应考虑如何展开工作。聪明的员工在不断比较行为的结果，并在期望达成的目标中判断和归纳出一条胜出的快捷方式。实践出真知，经常反省自己的表现，能吸取教训和增强洞察力，这有助于提高工作效率，更容易达到胜出的目的。

当然，对各种可能性的预测能力也是非常重要的，它能避免你在未确定的事情上白白浪费时间。另外，随时注意事物的发展趋势，也可提高工作效率。工作中是否掌握要领，常常可以通过当事者能否适时地变化优先顺序来进行判断。

企业家都希望自己的员工能做到“百分之百的完美”，但实际上却不大可能，也很难判断。因为人的能力和工作效率是存在差别的，即使同等条件下完成的工作，对某些人来说足以完成平时工作量的3倍；而对有些人而言，却只能完成他平时工作量的一半。从工作的过程到结束，正确的方法也不止一个，所以要公正地判断工作是否成功，是相当困难的。大多数工作是必须在一定的时间内完成，所以通过设定最低标准，才能使工作更上手。

作为企业员工，对于上级所托付的工作，只需做到让上级满意的水准。如果一定要追求完美，会浪费许多不必要的时间。有时了解本职工作，就是掌握最低限度的工作要求。因此，员工在接受一项工作时，就应当牢牢把握住企业或上级对这项任务的基本要求。例如你可以问：“这项工作，以这样的期限（如3月5日为止）完成好吗？还有其他须同时完成的工作吗？”这样便可把握住对方的意图，按时完成相应的工作。

为了能在期限内完成各式各样的工作，就必须牢牢记住各种工作的优先顺序、完成日期等。在每个月、每周、每天中，都必须分别决定好待办工作的优先顺序，此虽然烦琐，但若养成习惯，处理起来就很方便。

也就是说，将所有的工作以一个月、一周、一天为单位列出清单，每天按照优先顺序进行处理。在排列工作的优先顺序时，常常是从截止日倒着推算，算算应该从什么时候着手该项工作，以便从容不迫地进行。

排列先后顺序时，人们往往会将自己比较喜欢、做起来比较得心应手的工作排在前面；相反，也有人习惯将自己不喜欢或不太擅长的事优先处理。

工作的先后顺序安排表，要在每天早上浏览一次，然后确实执行。也就是说，如果先花点时间来思考工作的优先顺序，那么在具体实行的时候，就能把注意力集中在工作上，全心全力地冲刺。

当然，工作是不能像学校生活一样按固定日程来进行的。朝令夕改是十分普遍的现象，甚至10分钟前决定的事也有可能被全盘推翻。如果出现了这些情况，不要生气，更不能意志消沉，因为这些情绪对于工作的完成是毫无帮助的。此时不如心平气和地想想对策。

工作先后有讲究，更多情况下是因人而异的。这个先后的尺度是由工作效率来衡量的。卓越的意识会引导你的工作理念和工作效率，从时间、行动、方向等方面帮助你适应激烈的竞争环境。从自己的自身条件出发，科学安排好工作的先后顺序，按照企业或上级的进度要求，出色地完成自己的工作，这才是最重要的。

激发对工作的热情

俗话说："急事总落在繁忙的人身上。"繁忙的人，常常一开始就很快能判断出该做的事、重要的事，在短时间内去完成，然后用最大的心力来完成其他较需花费心思的工作，从而有效率地完成所有的工作。这是一种很好的工作习惯。那些繁忙者的身心、头脑，在一天中都经常处于这样的紧张状态，反应自然就会变得越来越敏捷。

英国哲学家培根说过，"合理安排时间，就等于节约时间"。无论是企业管理者还是企业员工，时间是同一个概念。所以，只有将时间分配得精密，使每年、每月、每天和每小时都有它特殊的任务，才能获得时间的回报。

反之，浪费时间的人常常认为，反正有的是时间，所以做事总是拖拖拉拉的，以致延误了工作进度，甚至将最要紧的工作也搁着不做。这种人身边常常堆着一大堆未处理或到一半的工作，结果哪一项也完成不了。他们总是试图寻找工作的动机来激励自己的工作干劲，但到头来却什么工作也没有完成，或效果很差。

这种情况在生活中很常见。人在心情舒畅时，工作都能顺利地如期完成；反之，如果心情不好，就不想工作，即使工作了，效率也不高。其实一个人真正能认真工作的时间是十分有限的。优秀的员工效率极佳，某一时间内完成的工作往往是他人的 4 ~ 5 倍。如此一来，剩余的时间便可从事休闲活动，为日后的工作积蓄精力。

对所有人而言，生活规律是存在的，工作也是一样，如果能对时间有紧迫感，激发对工作的兴趣，就会适应紧张的工作节奏。所以，在工作中最好是能不间断地保持这份紧张感。

当然，并非所有的工作都是你感兴趣的。如果你找到了适合自己的工作，并能把它做好的话，那便再好不过了。

上级交办的工作，尽管被称为工作，但就其意义而言，充其量只能算是一种作业，如果你对工作抱这样的消极态度，工作起来当然是兴致全无。与此不同，如果是自己选择并完成的工作，那么工作就成了自身生活的一部分，相对也会给自己带来满足感及乐趣。

我们不妨尝试体会一个繁忙者的感受，那些被我们认为是非常麻烦头痛的工作，他们却能在短时间之内处理好。这就是所谓的“对工作进行日常的转换和组合”，其关键点就是要将新的、未知的工作视为自己的任务来完成。如果这样能给我们相应的刺激，那么无论再忙再累，都能感受到自身能力的提高，生活也因此充实多了。

对于那些无所事事的人，即使他们有想做什么事的心，也常因无从下手而作罢。我总是劝他们，只要是自己喜欢做的事情，不管年龄有多大，都应当勇敢去尝试，即使是工作之外的事也行，几次之后你就会明白自己真正喜欢做什么事情，日久天长，自然而然也会产生对工作的热忱，并且会在工作上发挥很大的作用。因为工作热忱是激情的燃料，能使你更集中心力工作，避免无端的时间浪费，并能提高时间的利用价值。

繁忙的工作会引导员工在短时间内用心完成该处理的事，并将心思用到提高效率上。所以，适当的紧迫感在职场上是必要的，关键是要培养对工作的兴趣。因为，兴趣是最好的老师。激发对工作的兴趣是职场员工提高工作效率的秘诀。

工作没有完成该怎么办

职场风云变幻，并非都会一帆风顺。许多时候，由于主观或客观原因，会造成工作无法如期完成。这时关键是尽快分析原因，查找隐患，以利再战。我们在处理工作时难免会遇到应该暂时保留之事、应该放弃之事，也有必须积极处理之事。

当然，工作都是有一定期限的，若超过期限还没有完成所要求的工作时，便会被认为缺乏效率。因此，当你有预计不能完成的工作时，必须清楚可能带来的后果。也就是说，如果由于未完成相应的工作而被追究责任时，应将情况完整地报告上级，以期得到相应的指示。不论完成的结果如何，都要将情况据实反映。

在自己不能完成任务时，首先应扪心自问：是没有用心去完成呢，还是阻碍太多了呢？如果是连做都还没有开始做的情况，则更要好好地反省一下：是自己忘记了，抑或是这件任务根本没有做的必要？

接下来，是考虑善后问题，究竟能不能完成？是坚持自己的判断，还是改变主意马上执行？

工作未能如期完成并不可怕，因为，这是各种因素造成的。很多时候，也有客观的因素，关键是要有清醒的认识，认真分析原因，及时向上级汇报，尽量减少由于自身原因给工作所带来的损失。切莫养成偷懒的坏习惯，避免给日后的工作带来更多失误。

当然，在完成应该完成的工作原则上，自己还应做一些具有挑战性的工作，使自己不断地向上发展。不管是否可行，我们都必须对此认真考虑。对于那些重要的、有价值的事情应当坚持进行下去，即使未能立刻收到效果，也要坚持到底。

另外，所有与人有关的工作，都应该最先进行。对不能出席的预约、取消的事项，都应该直接打电话对当事人表示歉意，而且，随后还要亲笔致函或发电子邮件表示歉意。总之，应尽快地给对方答复。

在此原则上，最好每周确认一下不能完成的预定工作，并将自己的决定记入日程表。把重要的事项、未完成的事都一一记录下来，以便日后有机会时再进行。

工作的成败并不是以一时的胜负来判断的，所以当你发现工作进度不如预期中顺利，就必须认真地总结经验，及时向上级汇报，将工作损失降到最低。同时也要总结教训，避免重蹈覆辙，以免给日后工作带来损失。

调节好开与关的转换

效率是相对于时间而言的。工作效率的高低，取决于单位时间所完成的工作量。不提倡做那种无效功，或者说功效与时间不成比例的那种工作。这些工作劳力劳神，却事倍功半，每项工作都必须花很长时间才得以完成。

很多时候，我们也会遇到这种情况：有的人专心致力于一项工作时，能把它做得相当不错，但只要同时遇到多项工作或其他琐碎的工作时，就不知所措了。这种情况也是需要认真对待的，这说明他还没有学会开关的

开 / 关（ON/OFF）之间的转换。当然，没有人会放心地把工作交给这种人做。这种人往往只能做一些辅助性的简单工作，无法委以重任。

这种人虽然有心想做更有责任感的工作，然而在被交付一项工作时，难免会同时衍生出其他几项工作，他却只能一项一项地完成陆续衍生出来的工作，不能把别人所托付的工作从一个综合的角度来同步处理，当然也就无法让人放心地把工作交给他。

无论上级是否有指示，如果自己不能妥善对工作先后顺序进行安排，便不能达到同时完成多项工作的境界。同时，在工作时也要为自己留下一定的空间，否则，在遇到突发状况时就会使自己陷入僵局，让情况变得更糟。只有在突发状况时也能妥善处理的人，才称得上是一个能独立工作的人。

工作能力强的人在某种意义上就是指思维转换较快的人。即使你原本是在浏览企划书，突然接听一通电话，或是在听到下属或同事传达信息时，也应该期许自己能作出立即的反应并妥善处理。与此同时，还必须注意心情的转换也要迅速，特别是不能因太钻牛角尖而使自己意志消沉。对已完成的工作不能过分沉溺于喜悦，而应立即展开下一项工作。

举棋不定的行动力和不切实际的想法对工作是没有任何帮助的。对重要的事情，要迅速判断它们究竟是现在就应考虑，抑或是可以暂缓搁置，然后当机立断地把注意力集中在现在就应考虑的事上面。

而且，在掌握工作节奏的问题上，开 / 关之间的转换也是非常必要的。长时间地持续做相同的工作，工作效率难免会因疲乏而降低，创造性的思维和才能的发挥也会受阻。此时，建议你站起来活动一下筋骨，不妨到外面放松一下或喝一杯，以改变沉闷的心情。

当工作陷入困境时，可以去观察一下工作能力强的人是怎么工作的，也可以趁此和同事聊聊天或给客户打打电话，以转换自己的心情。

在进行长时间的工作之后，不要勉强地继续加班，最好早点回家休息，以调适一下心情，有时或许把工作留到第二天做效果会更好。

开 / 关的转换也就是心情的转换，这在任何事情上，都是很重要的。注意力集中在某一项，工作多时后，适时把注意力转移到其他工作上去。这也像我们拎东西一样，左手累了，就换右手拎，这样可以在某种程度上，既转换了心情，也减轻了心理上的疲劳。

PART

第十七章

17

成本管理——节约的都是利润

把每一分钱花在刀刃上

管理大师德鲁克说："管理的领域限于内部的假设，意味着管理者只关心成本或者努力工作。因为工作是存在于一个组织内部唯一的事物，同样，组织内部的一切都是成本中心。但是，任何机构的成果只存在于外部。所以对企业而言，控制企业的内部消耗，省钱就是挣钱。"

洛克菲勒是美国的石油大王，他拥有的财富无人可比，但他深深懂得节约的重要性。洛克菲勒经常悄悄到几个分公司查看，有时他会突然出现在年轻员工面前，熟练地翻阅他们经营的分类账，指出浪费的问题。又如在视察美孚的一个包装出口工厂后，他确定用 39 滴（而不是原先的 40 滴）焊料焊封油罐的标准，这是很著名的事例。

正是由于洛克菲勒的这种始终如一注意节约的精神，美孚公司才取得了辉煌的成功。节约使成本降低，既增加了利润，也提高了公司竞争能力。美国钢铁大王卡内基说过："密切注意成本，你就不用担心利润。"在他的一生中，从未为利润担心过，因为他最注重的就是节约成本，节省每一笔不必要的开支。卡内基在商海中纵横一生，他从来没有忘记节约，一辈子坚持最低成本原则。

19 世纪 50 年代，成本会计制度开始在美国铁路公司最大的宾夕法尼亚公司实行。这种会计制度能保持准确地记录以便在经营、投资及人事等方面作出决策，核算成本耗费和收入情况，以便判明是否赢利。卡内基是一个有心人，他认识到这制度是做生意的一条最基本的要诀，于是，在宾夕法尼亚的 7 年中，他学习并熟练掌握了成本核算知识。

他后来从事钢铁业时，成本会计知识得到了最大限度的运用，也因此获得了巨利。在生产中，他灵活地运用成本会计知识，处处以最低成本衡量，使卡内基钢铁厂获得了不菲的利润，生产效率也得到了大大提高。他的工厂生产第一吨钢的成本是56美元，到1990年时降为11.5美元（这年利润为4000万美元）。这一切都归功于“密切注意成本，就不用担心利润”的经营理念。

李·艾柯卡曾在自传中写道：多挣钱的方法只有两个，不是多卖，就是降低管理费。节约成本开支、降低产品售价，这是提高竞争力、改善经营效益的关键所在。艾柯卡在福特公司和克莱斯勒公司都非常重视降低成本，减少开支成为他成功的法宝。

艾柯卡刚到福特公司担任总经理时，所办的第一件事就是召开高级经理会议，确定降低成本的计划。他提出了“4个5000万”和“不赔钱”计划。

“4个5000万”就是艾柯卡要求在设计、生产、销售等四方面各减少费用5000万元，总共减少费用2个亿。艾柯卡希望在产值不变的情况下，通过企业运作费用的降低，实现2个亿的净利润。

以转产管理一事为例。以前转产周期需要两周的时间，转产造成工人和设备的闲置，浪费很多资金。艾柯卡通过周密的设计和电脑管理，使转产周期由2周变为1周。3年后，一个周末的时间就可以完成转产的准备工作。这种速度在汽车制造史上是没有先例的。仅此一项，就为公司每年节约了几百万元的成本支出。

3年后，艾柯卡实现了“4个5000万”的目标，公司利润增加2亿元，也就是在不多卖一辆车的情况下，就增加了40%的利润。

福特公司是一个大企业，一个大系统，分工合作既宏大又精细。一般的大公司，都有几十项业务是赔钱的，或者说赚钱很少，福特公司也是如此。在众多的项目和门类中，总会优劣共有，长短不一，这在整体上就影响了企业的实力和竞争。

艾柯卡对汽车公司的每项业务都是用利润率来衡量的。他认为每个厂的经理都应该心中有数：工厂是否赚钱？造的部件成本是否比外购贵？所以，他宣布给每个经理3年时间，要是该部门还不能赚钱，那就只好把它卖出去。

这就是艾柯卡的“不赔钱计划”。在执行这个计划过程中，艾柯卡砍掉了近20个赔钱部门。他通过这种办法尽量减少公司负担，节约原材料、劳动力和机器设备，公司的利润急剧上升，企业变得精悍，富有竞争力。艾柯卡也因此得到了众多员工的一致好评。

在克莱斯勒公司，艾柯卡还在减少开支上双管齐下：改善库存管理，改变采购办法。

克莱斯勒公司一直采用的是“以防万一”大量库存的制度，库存成本很大，艾柯卡决心对此进行改革。他大胆地引进日本“本田无库存生产”的库存管理技术，采用“基本部件一体化，车型品种多样化”的产品策略，将产品零配件由7万多种减少为不到1万种，进一步减少了进货与库存，节约了大量管理费用。

与此同时，他还废止了将产品存放在公司的待机而售制度，实行与销售商订货生产的新制度，改变了产品库存的局面。经过上述改革，克莱斯勒公司的年度库存额由21亿美元下降至12亿美元，管理费用也大大下降，为公司节约了一大笔资金。

在采购上，艾柯卡采用了灵活的采购办法：自产零部件如果比外购贵，就依靠外购；进口零部件较贵的，就不依赖进口而自己生产；各工厂的成本预算，必须与同行业中的最低成本作比较，而不能“按需编制”。艾柯卡要求经理勤俭持厂，节约每一分钱，把钱花在刀刃上，他说：“只要你能控制好成本，你压根就无须担心利润。”

可见，节约能直接提高企业的经济效益。企业成本管理是对企业成本的发生所进行的计划、组织、控制、考核和分析等一系列工作。加强企业成本管理有利于控制无效成本的发生，是建设节约型企业的重要手段。加强企业成本管理应采取以下主要措施：

1. 实施全过程成本管理

全过程成本管理是指针对企业经营过程中成本发生的每一个环节进行严格的管理。如在采购过程中实施比质比价采购方式，力争降低采购成本；在材料的验收入库环节上，要确保所采购材料的数量、质量均符合合同的规定；在生产环节上，要确保领用的材料不被浪费，并保证产品质量，避免产生废品而发生废品成本；在销售环节上，要根据成本效益原则，控制销售费用，特别是广告费用。

2. 实施全员成本管理

全员成本管理是指把成本控制的指标在落实到各个部门的基础上，再落实到部门里的每个员工，让每个员工都有成本控制的任务。

3. 针对成本项目制定管理方法

企业中不同的成本项目，如采购成本、生产成本、广告费、利息成本、水费、电费、油费、业务招待费等，具有不同的特点，因此应分别制定不同的管理方法，这样才能提高管理的效率。

从采购环节中降低成本

从当今全球化物流的实践来看，物流正朝着 3 个方向迅猛发展。

（1）作为在全球范围内进行生产运作的企业，在世界范围内寻找原材料、零部件，在获得原材料以及销售产品时使用当地现有的物流网络，并推广其先进的物流技术与方法，同时选择一个适应全球分销的物流中心以及供应物资的集散仓库。

（2）专业第三方物流企业伴随着生产企业同步全球化，即随着生产企业全球化的进程，将以前所形成的完善的第三方物流网络带到全球市场。例如，日本的物流企业就是在伊藤洋华堂打入中国市场后跟随而至的，并承担了其配送活动。

（3）为了充分应对全球化的经营，国际运输企业之间开始形成一种包含多种航线、面向长远利益的战略联盟，相互之间以资源、经营的互补为纽带，这不仅使全球范围内的物流设施得到了极大的利用，也使全球物流能更便捷地运行，而且有效地降低了运输成本。

例如，起始于20世纪90年代中后期的国际航空业的大联盟，正是适应全球化经营的一种形式。所以，随着信息技术、物流技术的发展，国际范围内的采购将成为带动全球经济的一个重要的利益点，这已不仅仅是一种形势的需要。

全球化战略下的统一采购，通过联合多家公司的购买力量，从而将触角伸向国际市场的每个角落，并得到更有竞争力的采购合同。降低采购成本，提高整体竞争力是这种采购模式的最大优势。同时，可以避免传统的分散采购中存在的原材料灰色价格和交易回扣等现象。

全球采购最初是在面临各大竞争对手进行激烈竞争的情况下，为降低生产成本而进行的尝试，它已从最初的降低成本的出发点转变成为获得产品、技术、交货提前期、劳动力和质量而实施的战略手段。

一般而言，年销售额超过1000万美元的公司都有一个标准的全球采购流程。在全球采购项目中最突出的是采购服务的少数公司。调查表明，被调查的公司中69%～81%的公司采购的是原材料、零部件和设备，只有16%的公司采购服务。

对于全球采购，如果运用得当，它能成为一个强有力的竞争武器。全球采购要求稳定的生产、简单的设计、卓越的质量等，而且全球采购还促进了制造、市场营销和采购人员的国际合作。西门子公司是全球采购的一个非常好的例子。西门子公司供应商分布在全球各个角落，实施全球集约化采购，这是进行供应链管理、节约采购成本的关键。

西门子公司在实施全球采购之前的很长一段时间里，其各个产业部门，如通信、能源、交通、医疗、照明、自动化与控制等在采购方面完全自主。随着西门子公司的逐渐扩大和发展，采购部门发现不少的零部件需求是重叠的。同时，由于购买数额的差异，使得选择的供应商、产品质量、产品价格与服务有着极大的差异。

西门子公司很快发现采购当中的巨大浪费，于是设立了一个全球采购委员会，直接管理全球各原材料采购经理，而每位经理只负责特定领域的全球性采购。同时，它还对全球采购需求进行协调，把六大产业部门所有公司的采购需求汇总起来，这样，公司可以用一个声音同供应商进行沟通。经过对采购流程的变革，使得西门子公司能吸引全球供应商进行角逐。

这种变革不仅对西门子公司来说好处多多，对于供应商来说，这也是一件好事情。以前的供应商需要与西门子公司各个产业部门打交道，时间、资金各方面浪费很大，现在他们只需与一个"全球大老板"谈判，只要产品、价格和服务过硬，就可以拿到全球的订单，当然他们也极为欢迎西门子公司对其采购流程进行变革。

西门子公司的采购系统还有一个特色是，在采购部门和研发设计部门之间设立了一个高级采购工程部门（APE），其作用是在研发设计阶段就用采购部门的眼光来看问题，充分考虑到未来采购的需求和生产成本上的限制。作为一座架在采购部和研发部之间的桥梁，高级采购工程部门能够从设计源头上就开始采取措施压缩采购成本，如果设计原型中价格与目标价格有差距，那么设计就要做相应的修改——用更少的零部件或用更加集成的零部件。有的时候，用目标价格倒推成本价格成为高级采购工程部门的任务。

有了这些充分集权的中央型采购，还需要反应灵活的地区性采购部门与之相配合来进行实际操作。由于供应链分布在各个国家，西门子公司在各地区采购部门的角色很不一样。像西门子移动通信公司采购部门的角色类似于一个协调者。由于西门子公司在日本的供应商，如东芝和松下等公司掌握着核心技术，所以它们直接参与了西门子手机的早期开发。对于西门子移动通信公司而言，它必须知道哪些需求在技术上是可行的，哪些是不可行的，而东芝和松下等公司也要知道它想要得到什么产品，于是与供应商的研发中心进行研发技术方面的协调、沟通和同步运作，就成为西门子移动通信公司采购部门的主要工作。而其在中国的采购部门的角色重心就是利用中国市场的廉价原材料，降低生产成本，提高西门子手机的全球竞争力。

西门子公司经过对采购流程进行的变革，创造出一种充分竞争和协作的环境，从而实现高效率地管理自己的供应链，节约采购成本。这是非常值得企业管理者学习和借鉴的。

效率是节约的根本

美国西南航空公司是一家令人称道的航空公司，在美国航空行业中，它以自己鲜明的特色傲视群雄，成了美国最赚钱的航空公司。

美国西南航空公司有一句名言：飞机只有在天上才能赚钱。为此他们专门计算过，如果每个航班节省地面时间 5 分钟，那么每架飞机每天就能增加 1 小时的飞行时间。30 多年来，美国西南航空公司使用各种办法让他们的飞机尽可能地在天上长时间飞行。

在美国西南航空公司的飞机上，从来都没有头等舱和公务舱，也从来不实行“对号入座”，在他们的意识中，飞机就是公共汽车，鼓励乘客先到先坐，这使得西南航空的登机等候时间要比其他各大航空公司短半个小时左右，而等候领取托运行李的时间也要快 10 分钟。这样，美国西南航空公司的飞机日利用率 30 年来一直名列全美航空公司之首，每架飞机一天平均有 12 个小时在天上飞。

为了节省顾客等候领取托运行李的时间，公司将飞行员都用上了，人们常常可以看见西南航空公司的飞行员在满头大汗地帮助乘客装卸行李，这样做的结果是，乘客从中体会到了更快捷的服务。

为了配合公司“国内线、短航程”的市场定位，美国西南航空公司全部采用波音 737 客机。这样做有一个最大的好处，就是任何一名空乘人员都熟悉飞机上的设备，这使得机组的出勤率和配备率都处于最佳状态。这一点也让很多大型的航空公司难以模仿，因为它们的飞机型号非常齐全，长短途兼营，没有办法和西南航空公司一样具有机型一致所带来的优势。

在美国西南航空公司的宣传画册上有这样醒目的文字：我们有全美国最出色的驾驶员。的确是这样，西南航空为他们的驾驶员感到自豪，他们用自己的智慧，为公司节省了大量的成本。

西南航空公司一年内在油料上的花销大概是 3.5 亿美元，管理者想尽办法，都无法使这个成本降低。但是西南航空公司的驾驶员却在不影响服务质量的前提下，使这一成本缩减了 10%。因为西南航空公司的每一位驾驶员都知道在机场内如何走近路，他们十分清楚走哪一条滑行跑道最节省时间，正因为每一位驾驶员在飞行时都能有意识地主动节省时间，而节省一分钟，就意味着节省数美元，这样算下来，这个数字是相当惊人的。

同时，西南航空公司也不忘给乘客节省成本，为此，飞机上该省或者能省的地方都省去了，最大限度地降低飞机运行成本，并将这一结果转移给乘客，为乘客节省更多的费用。

西南航空公司并没有满足于成本的降低，它们把乘客当做自己的上帝，所有的成本降低措施最终都是为了降低乘客的使用成本，并在提供优质的服务中不断为乘客创造温馨的氛围，让乘客觉得自己的花费物超所值，因为他们确实买到了货真价实的好“产品”。西南航空公司的低成本战略，曾经被同行嘲笑为“斤斤计较”，而现在已经成为全球各大航空公司研究和学习的对象。

西南航空公司之所以能够在亏损严重的航空业中一枝独秀，不仅是因为他们大张旗鼓地实施了低成本战略，更重要的是他们能够把市场吃透，只为乘客提供基本的、必需的服务。

目前，西南航空公司的市值已超过157亿美元，比美利坚、联合、大陆、达美等大型航空公司的市值总和还要高，也因此西南航空公司被《财富》杂志称为“有史以来最成功的航空公司”。

可见，节省时间就意味着节省成本，正如俗话所说“一寸光阴一寸金”，但时间远不是金钱所能衡量的。节省时间更能提高效率，为企业创造更大的价值。

在实际的管理工作中，企业可以采取工作抽样的方法，来提高企业的生产经营效率。工作抽样是对企业内不同工位的活动频率和效率进行抽样。它能为企业管理者提供三方面的宝贵信息：员工工作时间百分比、工作速率、设备利用率。通过工作抽样，企业就能对设备和员工的效率做出评估，可以确定哪些工作点的人太多。通过以上3个步骤，企业可以找出薄弱环节，并及时加以改进。这样就可以帮助降低人工费用，节约成本，最终实现利润的最大化。

成本控制来源于资源和成果的比率

将资源集中于成果是最好的、成本控制最有效的方面。成本不是孤立存在的，它始终是为了取得某种成果而发生的。所以，重要的不是绝对的成本控制，而是资源和成果的比率。一种资源，如转换不了成果，那么不管它是多么廉价，都是浪费，而不是成本。

营销学上有个聚焦战略，是指公司把优势资源集中于某一个特定的细分市场，在该特定市场建立起比较竞争优势，比竞争对手更好地服务于这一特定市场的顾客，并以此获取高的收益率。聚焦战略体现的核心思想就是“完全将资源集中于成果”。

英国《星期日泰晤士报》公布的2002年富豪排行榜上，美国零售公司沃尔玛主席罗伯逊·沃尔顿力挫微软公司董事长比尔·盖茨，荣登全球首富宝座。当年出炉的全美财富500强排名中，沃尔玛成为全美（同时也是全球）最大的企业。沃尔玛成功的秘诀何在？答案就是“聚焦战略”和“不作任何浪费”。

沃尔玛独特的聚焦战略在它建立之初就已经完全展现了。它将精力集中于整体市场中最狭窄也是最具挑战力的乡村。除了因为这样的目标市场并不是同行业中主要竞争对手的重点聚焦对象，甚至被它们所忽视，还因为那个时候的美国乡村小镇的居民已经有了足够的购买力，而生活条件和基础设施都不够完善。沃尔玛的出现，甚至吸引了来自周围几十到上百公里范围的居民前来购买商品。

聚焦在原本别人看来无利可图的市场区域，给沃尔玛带来了生存和扩展的机会，也是沃尔玛实施“农村包围城市”战略的前提。在后来的十几年间，沃尔玛继续占领小城镇这个被其他零售商店所遗忘的细分市场，逐渐形成了星火燎原之势，避开了激烈的竞争，在悄无声息中占领了美国的零售市场。

与聚焦战略相比，沃尔玛在“不作任何浪费”上近乎苛刻。沃尔玛从来没有专门用来复印的纸，都是用废报告背面复印，打印纸也是一样，除非非常重要的文件。一般来讲，每家沃尔玛店都会有两间工作站，一个属于非食品部门，另一个属于食品部门。工作站往往一专多能：它是部门经理和主管处理文字工作的地方，也是所有人到系统里查看相关数据、打印标签的地方，还是摆放商品的地方，包括散货、需要索赔的商品、临时撤下的商品、贵重商品、赠品等统统都放在这里。所以工作站可能经常拥挤、杂乱不堪。另外，工作站还是召开部门会议和人力资源进行培训的地方——人力资源只有一个培训室，如果有几个培训一同发生，就只有安排到工作站进行。

沃尔玛和别的超市一样，每逢节日，也会进行促销活动，但是，与别的商家不同的是，它喜欢“空手套白狼”，用自己的员工或者员工的子女充当彩页上的模特，并对彩页的印制数量进行精确计算。事实上，无论在美国还是在世界上任何地方，沃尔玛都很少做广告。一般同行的广告宣传占到了总运营费用的10%，沃尔玛则只占到0.4%。平常，沃尔玛的宣传广告仅仅是黑白两色的几张纸而已，远不如同行的制作精美和发送频繁。沃尔玛的促销部经常会组织促销宣传技术培训，为的就是尽可能让一切宣传活动都在本部门内部得到解决。因为，节约人手就是节约成本。

在中国，沃尔玛为员工准备了免费的纯净水，但不会准备纸杯；有的店在员工餐厅配有电话，当然是投币电话。专供员工使用的洗手间根本没有卷纸，更不会有香皂。很多情况下，员工们用来洗手的都是不能销售的洗手液、沐浴露，甚至洗衣粉。

连沃尔玛主席外出时都经常和别人同住一个房间，沃尔玛员工自然不能例外，还要把这种优良传统发扬光大。2001年沃尔玛中国年会召开的时候，来自全国各地经理级以上的代表所住的，只不过是某某招待所而已。每次开新店之前，沃尔玛总部总是派人来指导，据说这些人住的只不过是三星级的宾馆，而且开店第二天立刻就走人，因为沃尔玛只承担因工作而产生的费用。

在沃尔玛中国店，经常要进行诸如最佳团队的评比，获胜团队将得到流动锦旗，因为全店只有一面。在沃尔玛某店举行的一次趣味运动会上，第一名得到的奖杯竟然是用塑料泡沫制作的模型，沃尔玛的节省程度可见一斑。

德鲁克说，为产生经济成果而使用的资源，是成本；不能产生经济成果的任何支出，都不是成本，是浪费。沃尔玛的苛刻不是针对成本的苛刻，而是绝对要杜绝浪费。

完全将资源集中于成果，简而言之，就是集中兵力。依靠集中兵力的战法，毛泽东指挥红军屡战屡胜，连续粉碎国民党军队的多次进攻，毛泽东得出结论："我们的经验，分兵几乎没有一次不失败，集中兵力以击小于我或等于我或稍大于我之敌，则往往胜利。"毛泽东把集中兵力这一教科书中的原则神奇般地转化为制敌韬略，成为红军扭转战局、转危为安的法宝。同样，将资源集中于成果，是最有效的控制，也是许多成功企业获得非凡成就的法宝。

用最少的成本赢最多的利

从成本对竞争结果的影响这个角度来看待成本问题，就会发现商战的规则是成本越低越容易赢利。降低成本是企业管理者的心头大事。低成本和高效益之间并非是矛盾的，优秀的企业管理者总是能够凭借低成本获得高效益。

参观丰田公司工厂的人可以看到，它和其他工厂一样，机器一行一行地排列着。但有的在运转，有的都没有启动，很显眼。于是有的参观者疑惑不解："丰田公司让机器这样停着也赚钱？"没错，机器停着也能赚钱！这是由于丰田汽车公司创造了这样的工作方法：必须做的工作要在必要的时间去做，以避免生产过量造成浪费，避免库存的浪费。

原来，不当的生产方式会造成各种各样的浪费，而浪费又是涉及提高效能增加利润的大事。丰田公司对浪费做了分类，将浪费现象分为以下 7 种：

（1）生产过量的浪费。

（2）窝工造成的浪费。

（3）搬运上的浪费。

（4）加工本身的浪费。

（5）库存的浪费。

（6）操作上的浪费。

（7）制成次品的浪费。

丰田公司又是怎样避免和杜绝库存浪费的呢？许多企业管理者都认为，库存比以前减少一半左右就无法再减了，但丰田公司就是要将库存率降为零。为了达到这一目的，丰田公司采用了一种“防范体系”。以作业的再分配来说，几个人为一组干活，一定会存在有人“等活”之类的窝工现象。所以，有人就认为，对作业进行再分配，减少人员以杜绝浪费并不难。

但实际情况并非完全如此，多数浪费是隐蔽的，尤其是丰田人称之为“最凶恶敌人”的生产过量的浪费。丰田人意识到，在推进提高效率、缩短工时以及降低库存的活动中，关键在于设法消灭这种过量生产的浪费。为了消除这种浪费，丰田公司采取了很多措施。

以自动化设备为例，该工序的“标准手头存活量”规定是 5 件，如果现在手头只剩 3 件，那么，前一道工序便自动开始加工，加到 5 件为止。到了规定的 5 件，前一道工序便依次停止生产，制止超出需求量的加工。后一道工序的标准手头存活量是 4 件，如减少 1 件，前一道工序便开始加工，送到后一道工序。后一道工序一旦达到规定的数量，前一工序便停止加工。像这样，为了使各道工序经常保持标准手头存活量，各道工序在联动状态下开动设备。这种体系就叫做“防范体系”。

在必要的时刻，一件一件地生产所需要的工件，就可以避免生产过量的浪费。

在丰田公司生产方式中，不使用“运转率”一词，全部使用“开动率”，而“开动率”和“可动率”又是严格区分的。开动率就是在一天的规定作业时间内（假设为8小时），有几小时使用机器制造产品的比率。假设有台机器只使用4小时，那么这台机器的开动率就是50%。开动率表示为了干活而机器转动的意思，倘若机器单是处于转动状态即空转，即使整天开动，开动率也是零。

可动率是指在想要开动机器时，机器能按时正常转动的比率。最理想的可动率是保持在100%。为此，必须按期进行保养维修，事先排除故障。

由于汽车的产量因每月销售情况不同而有所变动，开动率当然也会随之发生变化。如果销售情况不佳，开动率就下降；反之，如果订货很多，就要长时间加班，有时开动率为100%，有时甚至会达120%或130%。丰田公司完全按照订货来调整机器的“开动率”，将过量生产的浪费减少到最低，才出现了即使机器不转动也能赚钱的局面。

防范体系使丰田公司实现了零库存管理，这使其产品成本降到了最低。控制成本是企业管理者素质之一，赢利能力也是素质之一，企业管理者一定要时刻紧绷成本这根弦，一定要想方设法“既要花得少，又要赢得多”。

成本管理中的“变形虫管理”

在市场经济环境下，企业的一切管理活动都需要以市场为导向，企业成本管理也不例外。如果企业只是一味地追求降低成本，而不顾产品质量，大量偷工减料，这也有悖于节约的初衷。另外还应看到，在市场经济中，作为企业来说，应着眼于市场需求，向消费者提供质量更优、功能更全的产品或服务，以满足人们提高生活水平的要求。

在市场经济环境下，企业应转变成本管理的思维，建立以市场为导向、服务于企业内部的成本管理体系。成本代表企业的生产经营效率，它体现企业内部投入与产出的对比关系。在市场经济环境下，成本所体现的效率只有通过市场的检验，才能转化为效益。

京都制陶公司曾向松下电子供应U形绝缘体，但松下公司每年都提出降价要求，有一次松下竟然提出了比成本要低很多的交易价格，令京都制陶公司总经理稻盛和夫大为震惊。经过多方面的考察后，他决心尽一切可能降低成本。

为了强化员工的成本意识，京都制陶公司确立了一套被称作“变形虫管理”的方式。这种变形虫式管理不改变原有层级制，这使得京都制陶公司不仅与一般现代公司一样，也有部、课、系、班等层级设置，同时有一套以“变形虫”小组为单位的独立核算体制。

京都制陶公司共有1000个“变形虫”小组，员工共有1.3万人，每人都从属于自己的“变形虫”小组，每个“变形虫”小组平均由十二三人组成，根据情况的不同，有的小组50人左右，有的只有两三人。

每个小组都要核算出原料的采购费、设备折旧费、消耗费、房租等各项费用，然后根据营业额和利润，计算出京都制陶公司独有的概念——单位时间的附加价值。从作业中的前一个小组买入材料，扣除其中所耗费用，再根据加工后的产品卖给下一个小组的销售额计算出利润，就可以得出每个员工在每个单位时间内创造的附加值，这就是“变形虫”小组的运作方式。

每个小组采购半成品的费用都按照市场价格，向下一个小组卖出时也是按照市场价格。这样，公司按月公布各小组每单位时间内的附加价值，各小组当月的经营状况，每个组员及小组所创造的利润及其所占公司总利润的百分比等，所有数据都一目了然。

员工对这种管理方式感到既新鲜又实用。大家都在制定每天的目标，并为达到这一目标而动脑筋想办法，每个人对自己的工作都有自主权。

通过这种“变形虫”管理，公司可以直接对比生产活动与产值，通过数字把握内部日常活动状况或生产动态，如原材料、经费的上升、库存的增加、每个小组负责人的经营能力等。不论哪个部门效益下降，都能立即判明，以便迅速采取对策。

这一管理体制使京都制陶公司总成本和单位成本大降，市场竞争力大增，从而为获得有利的市场地位奠定了坚实的基础。企业在经营中要根据市场需求，以效益为中心进行生产，要运用科技手段不断降低成本，减少能耗，提高效率，提升效益，最终实现企业的经济目标。

以市场为导向进行成本管理，需要注意两个方面的问题：产品的市场化和目标成本控制法。由于成本只是代表效率，而效率只有接受市场检验才能转化为效益。成本承担的客体是产品，因此，要使企业内部的高效率转化为企业的高效益，企业必须保证产品具有良好的市场性，即不符合市场需求的产品根本不应该生产，否则企业效率越高损失越大。

在市场经济环境下，企业的成本低于市场的价格，成本才能转化为效益，因此企业应以竞争性的市场价格为基础，根据企业的目标利润确定产品应达到的目标成本，以此对产品成本水平进行事前控制。目标成本法是以市场为导向的成本管理思维，以具有竞争性市场价格和企业目标利润倒推出目标成本，这为企业提供了对产品成本事前控制的标尺。

PART

第十八章

18

人才管理——从员工身上找利润

打造最佳的搭档

完美的理想的人才是不存在的，人作为个体总是有长有短。在人力资源系统内，完全可以通过个体间取长补短，形成整体优势，实现目标，这就是互补增值原理。

唐太宗之所以能够创造“贞观之治”的辉煌时代，与其善用人才、合理搭配“房谋杜断”的人才结构是分不开的。在房玄龄研究安邦安国时，唐太宗发现房玄龄能提出许多精辟的见解和具体的办法来。但是，房玄龄却对自己的想法和建议不善于整理，他有许多精辟见解，却很难决定颁布哪一条。而杜如晦，虽不善于想事，但却善于对别人提出的意见做周密的分析，精于决断，什么事经他审视，很快就能变成一项决策、律令提到唐太宗面前。于是，唐太宗就重用了二人，把他们俩搭配起来，密切合作，组成合力，辅佐自己，最终取得了成功。

在人才众多的群体中，不仅要有个体的优势，更需要有最佳的群体结构。“全才”是极少有的，“偏才”是多数的，但“偏才”组合得好，就可以构成更大的“全才”。优秀的管理者不苛求全才，而要尽力去做的是将一个有效的人才群体合理搭配起来，创造最大的价值。

1. 知识互补

不同的知识结构的人考虑问题的思维方法是不同的，将他们组合在一起，可以互为补充，取长补短，引起思想的碰撞，从而获得最佳方案。

2. 能力互补

若个体在能力类型、能力大小方面实现互补，那么整个集体的能力就比较全面，在各种能力上都可以形成优势，这种集体的能力结构就比较合理。

3. 性格互补

人的性格差异是很大的，每个人的气质、性格都各有不同。脾气有的急，有的不急；有的做事细致、耐心，有的办事麻利、迅速。个体不同的性格特点往往具有互补性，从而使一个整体形成良好的人际关系和良好的性格结构。

4. 年龄互补

老年人有老年人的特长和短处，青年人有青年人的特长和短处，中年人也同样如此。不同年龄段的互补，可实现人力资源系统的新陈代谢，使集体焕发出持久的活力。

网罗人才是成就事业的基础

少年时代，李嘉诚常常听父亲讲战国时孟尝君的故事，孟尝君能成大事，得“客卿”之助也。因为孟尝君能够尊重德才兼备的人才，人才因此都投奔他。李嘉诚能成宏业，“客卿”也是功不可没。

李嘉诚认为人才对于公司非常重要，甚至比金钱还重要。他广纳贤才，而不在意出身和背景，只要有能力，他均奉为上宾。一个人要成就一番事业，就必须有得力的人才辅佐。他曾对记者说：“你们不要老提我，我算什么超人，是大家同心协力的结果。”据说他身边有 300 员虎将，其中 100 个是外国人，200 个是年富力强的香港人。

20 世纪 80 年代中期，李嘉诚的长实（长江实业）集团的管理层基本上实现了新老交替，各部门负责人大都是 30 ~ 40 岁的少壮派，其中最引人注目的要数霍建宁。

霍建宁毕业于香港名校港大，随后赴美深造，1979 年学成回港，被李嘉诚招至旗下。他擅长理财，负责长实全系统的财务策划。他处世较为低调，认为自己不是冲锋陷阵的干将，而是专业管理人士。李嘉诚很赏识他的才学，长实全系的重大投资安排、股票发行、银行贷款、债券兑换等，都是由霍建宁亲自策划或参与决策，传媒称他是一个“浑身充满赚钱细胞的人”。

那些项目动辄涉及数十亿资金，亏与盈都取决于最终决策。从李嘉诚对他如此器重和信任来看，可知盈多亏少。霍建宁本人的收入也很可观，他的年薪和董事基金，再加上非经常性收入如优惠股等，年收入可能在 1000 万港元以上。1985 年，李嘉诚委任他为长实董事，两年后又提升他为董事副总经理。此时霍建宁才 35 岁，如此年轻就担任香港最大集团的要职，实属罕见。

同样出色的还有一位女将洪小莲。洪小莲年龄也不算大，她全面负责楼宇销售时，还不到 40 岁。在长实上市之初，洪小莲就作为李嘉诚的秘书随其左右，后来又出任长实董事。她不仅人长得漂亮，而且待人热情，做事泼辣、果断。她在地产界，在中环各公司，只要提起洪小莲，可谓无人不知无人不晓，被业界称为“洪姑娘”。

长实总部虽不到 200 人，却是个超级商业帝国。每年为它工作与服务的人数以万计；资产市值在高峰期达 2000 多亿港元，业务跨越大半个地球。日常的大小事务，千头万绪，往往都要到洪小莲这里汇总。她的工作作风颇似李嘉诚，不但勤奋，还是个彻底的务实派。就连面试一名信差、会议所需的饮料、境外客户下榻的酒店房间等琐事，她都亲自过问。要处理日益庞杂的事务，没有超强的体力、精力、智力，没有很高的工作效率，是不可想象的。

李嘉诚不拘一格重用年轻人，广采博纳，融合众智。他说：“长江取名基于长江不择细流的道理，因为你要有这样旷达的胸襟，然后你才可以容纳细流。没有小的支流，又怎能成为长江？只有具有这样博大的胸襟，自己才不会那么骄傲，不会认为自己样样出众。承认其他人的长处，得到其他人的帮助，这便是古人说的‘有容乃大’的道理。假如今日没有那么多人替我办事，我就算有三头六臂，也没有办法应付那么多的事情，所以成就事业最关键的是要有人帮助你，乐意跟你工作，这就是我的哲学。”

曾有记者问李嘉诚：“你的集团，雇用了不少‘外国人’做你的副手，你是否含有表现华人的经济实力和提高华人社会地位的成分呢？”李嘉诚回答道：“我还没那样想过，我只是想，集团的利益和工作确确实实需要他们。”

李嘉诚说的是实话，他身边的外国人都发挥出了实实在在的作用。在 20 世纪 80 年代中期，李嘉诚已控股几家老牌英资企业，而管理这些企业最有效的办法就是“用洋人管洋人”，这样更利于相互间的沟通。还有重要的一点是这些老牌英资企业，与欧美有广泛的关系，长实集团日后必然要走国际化道路，起用外国人做代表，具有血统、语言、文化等方面的优势，更有利于开拓国际市场与进行海外投资。

所谓“家有梧桐树，引得凤凰来”。李嘉诚的身边有各种各样的优秀人才，他得到“客卿”的大力相助，也是“善有善报”的延伸。同时，他不仅给他们提供广阔的发展空间，也“举贤不避亲”，努力将亲信培养成贤人。

周年茂，当初和李嘉诚一起“打天下”的周千和的儿子，和李嘉诚的关系很近。此人颇有大将风范，指挥若定，调度有方，临危不乱，进退得宜，收放自如，这一点最让李嘉诚放心。当周年茂还在上学时，李嘉诚就把他当做长实未来的专业人才培养，并把他和他的父亲周千和一道送往英国专修法律。

周年茂学成回港后，李嘉诚指定他为长实公司的代言人。1983 年，回港两年的周年茂被任命为长实董事，1985 年后与其父亲周千和一道升为董事副总经理。当时，周年茂才 30 岁。有人说周年茂一帆风顺，飞黄腾达，是得其父的荫蔽，这话虽有一定的道理，但并不尽然。

据长实的职员说，说周年茂依靠父亲关系取得成就的人，实在是不了解李嘉诚，对碌碌无为之人，管他三亲六戚，李嘉诚一个都不要。周年茂年纪虽轻，可是个有本事的青年人，他的工作得到了公司上下的一致好评。长实参与土地的拍卖，原本由李嘉诚一手包揽，后来几乎由周年茂主持，只有出现资金庞大的项目时，大家才见到李嘉诚的身影。

香港的《壹周刊》在分析李嘉诚用人的策略方面这样写道：反观一些事业上没有像李嘉诚般飞黄腾达的富豪，倘若说他们有什么缺失的话，那往往就是不晓得任用人才，以致窒碍了企业的发展。环顾香港的上市公司，虽然很多公司资产不少，但至今始终摆脱不了家族式管理。李嘉诚所拥有的集团，是一个股权结构复杂、业务范围广泛的庞大集团，他是这一商业帝国的绝对拥有者，但集团内部却看不到家族式集团的作风，完全按照现代企业的模式管理。

正是李嘉诚的用人之道，让他网罗天下英才，保持了团队的稳定与团结，还结交了无数的商界朋友，赢得了广大股东和员工的信赖和支持，树立了崇高的形象。

用人就要用“放心”的人

美国著名历史学家诺斯古德·帕金森通过长期调查研究，写了一本名叫《帕金森定律》的书，他在书中阐述了机构人员膨胀的原因及后果：一个不称职的官员，可能有 3 条出路，第一是申请退职，把位子让给能干的人；第二是让一位能干的人来协助自己工作；第三是任用两个水平比自己更低的人当助手。

第一条路是万万走不得的，因为那样会丧失许多权力；第二条路也不能走，因为那个能干的人会成为自己的对手；看来只有第三条路最适宜。于是，两个平庸的助手分担了他的工作，他自己则高高在上发号施令。两个助手既无能，也就上行下效，再为自己找两个无能的助手。依此类推，就形成了一个机构臃肿、人浮于事、相互扯皮、效率低下的领导体系。

毛泽东曾说过：领导者的责任就是出主意、用干部。人才是企业的资产，用对人就赚到钱，用错人则赔本。个人的力量是有限的，一个人无论多有才能，他总是要靠别人成功的。企业家、管理者，要想获得成功，不但要依靠自身的努力，还要依靠团队的力量，依靠下属的力量。只有挑选到合适的下属，只有充分发挥下属的能量，团队才能取得成功，自己也才能取得成功。要记住，挑选最合适的下属非常重要，现在的骨干人员决定企业的现在，后备人才决定团队的未来。

要找到合适的人，首先必须别具慧眼，观察入微，方可寻得千里马。“一样米养百样人”，识人并不是一件容易的事。要正确识人，就必须心底坦荡，眼光宽广，不能只用一只眼睛看人，更不能带着有色眼镜看人，而应从多渠道、多层次、多视角了解和考察人才。

“美恶悬殊，情貌不一；有温良而伪诈者，有外恭而内欺者，有外勇而内怯者，有尽力而不忠者……。”这句话的意思是说，人的真善美与假恶丑，并不都是表现在情绪和脸上的，也不是从一般的表现上都能看得出来。有的看来温良而实际狡诈；有的外表谦恭而内心虚假；有的给人的印象是勇不可挡，实则临事而惧，怯懦得很；有的人在处境顺利时可以尽力，处于逆境、环境变化时就不能忠于事业和信仰了。

《资治通鉴》把人分成4种：第一种是圣人，品德才能都达到了很高的层次；

第二种是君子，品德好，且也有才能，相比之下，德大于才；第三种是愚人，无德又无才；第四种是小人，有一定才能甚至有较高才能，但品德很差，才大于德。圣人很少，君子可用，愚人、小人皆不可用。非常时期，宁用愚人，不用小人。

“才者，德之资也；德者，才之帅也”，二者不可偏废。古人说“大德之行，天下为公”，考核“德”的真伪关键在于“公心”如何。所谓“才”，是指处理问题、解决矛盾、取得工作成绩和效果的能力和办法。德、才兼备，是为贤者。

当然，现实生活中，不可能每个人都全面发展，所以德才的发展可能会出现不平衡。有些人德比较好，但才差些；有些人虽然有才，但德却稍逊一筹。对于企业的用人来说，除非一些特殊情况，否则德才相比，一般更应注意德。德优才弱，通过努力可以提高才，从而达到德才统一。

德鲁克在《有效的管理者》一书中写道：人的品德与正直，其本身并不一定能成什么事，但是一个人在品德与正直方面如果有缺点，则足以败事。所以有这种缺点的人，应该没有资格做管理者。可见，选人应以德为首，这是基本要求。

将用人量与紧迫感相平衡

“人浮于事”，很多企业都存在这样的问题。一项任务，只有一个员工的时候虽然忙点，可是还是能完成；加派一个员工后，也没见得任务完成得更加出色，只是多增加了一个人的费用；再加派一个员工后，任务反而不能按时保质完成了。

保持人手紧张是避免“人浮于事”的一个好办法。焦虑和紧张的气氛会使人最大限度地发挥潜力。美国芝加哥大学的研究人员首先在松鼠身上进行了这项研究。松鼠通常在4周大的时候就断奶，离开巢穴，它们必须学会应对危险环境并找到回家的路，通常30%的松鼠不能学会这些，因此无法生存下去。研究人员提高了松鼠体内的皮质醇水平，结果发现，皮质醇水平高的松鼠认路能力和反应速度明显提高。皮质醇是人体内的一种激素，这种激素一般会在体内应激状态的时候产生，而人体应激反应时最直接的表现即为精神紧张。因此，随后研究人员在人身上进行了相关研究。研究人员让受试者对自己在参加考试时的紧张度进行评价，结果发现，那些略有紧张感的人平均成绩更高。这项研究的负责人吉尔·马特介绍，人体内由于紧张而产生的皮质醇能够提高反应速度，提高学习效率，让脑子更灵活。这表明，当人们在执行某项任务时，适度的紧张感能提高人们完成任务的能力。

帕克森有句名言：“增加工作量会把可利用的时间充分利用，同时也可以充分利用每一个可利用的人。”提高工作效率的最佳方法就是保持人手紧张。所以，当下属提出增加人手时，决不能随意批准，如果一而再，再而三，要求加人，最后确实不加人不行了，也要确认他们是否真的不增加人手就不能把事情办好。

加派人手（岗位设置和人员编制）要建立在企业目前需求（岗位空缺）和企业发展需求（人才储备）之上，而绝不是“某个人”的需求。即使是业务增长带来的人力需求，也必须利用科学的人力资源分析工具来完成岗位的设置和人员的编制。保持人手紧张，可以使员工自动就工作的轻重缓急进行安排，不重要的工作自然给挤掉了。

培训是最有价值的投资

惠普公司一向都注重对员工的培训，素有“IT 界的黄埔军校”之称。在过去的 20 年里，惠普公司为中国培养了大量的职业经理人和专业技术人员、销售人员，尽管这些人中有许多人都离开了惠普公司，但是他们大多数还在中国。除了税收、就业等这些可以计算出来的硬贡献以外，惠普公司为中国做的最大的贡献是培养了大批国际化人才。

为什么惠普公司会如此重视对员工的培训？这是因为，在惠普公司看来，对员工的培训是投资而不是成本。如果把培训作为成本来看待，自然是越少越好，甚至可以没有；如果看成是投资的话，就必定要追求收益率。投资一定能得到回报，但当回报无法衡量时，就被当做成本——没有回报的成本。虽然员工的价值无法从财务报表中体现出来，也不能当成企业的无形资产计算，但对企业的未来产生重大的影响。

有人把员工培训说成是企业的“阳光、空气和水”，此言不差。那些把员工培训撂在一边的领导者毫无疑问只是一个平庸，既扼杀员工的发展潜力，也阻止了企业美好的发展前景。优秀的领导者会努力寻找各种渠道，对员工进行多种形式的培训，以达到提高员工能力和素质，从而使工作不断创新、业绩不断提升的目的。

摩托罗拉公司向全体员工提供每年至少 40 小时的培训，这在美国已属较高的培训水准，但公司仍然不断加大对员工培训的投入，重视员工培训给摩托罗拉公司带来了好处。调查表明，摩托罗拉公司每 1 美元培训费可以在 3 年内实现 40 美元的生产效益。摩托罗拉公司认为，素质良好的公司员工已通过技术革新和节约操作为公司创造了40亿美元的财富。

摩托罗拉公司的巨额培训收益说明了培训对企业的重要性。一位管理学家说过："员工培训是企业风险最小、收益最大的战略性投资。"这句话正确阐述了现代员工培训对于企业的重要意义。面对知识经济的挑战，最核心的问题是人的素质问题。企业的长远发展离不开具有高质量、高素质的人才。无论国外还是国内，大多数优秀企业都已经把员工培训作为企业的一项重要发展战略，如海尔、联想等企业都先后建立了培训中心或大学。对员工的培训是随着知识与技术的不断更新应运而生的。通过培训，增强了员工对企业、部门决策的理解和执行能力，并不断掌握先进的管理方法和理念，提高企业的市场竞争力。

员工培训是一种对员工素质的投入工作，目的在于提高劳动力的产出水平。对企业而言，这一过程必定要付出成本，有时甚至是高成本。企业把这些成本寄托在以后员工的补偿上，这自然是不成问题的。领导者常说"企业的竞争是人才的竞争，我们要能够以一当十。"这样慷慨激昂的话，而培训充其量只是很小的投入，只需承担很小的风险。事实上，每个企业都具备员工培训的条件，而通过培训达到企业事先的期望也是水到渠成的。

"管理，始于教育，终于教育。"的确，管理工作如果没有以教育的方式导入，必然无法推动，也无法持续下去。"出产品之前先出人才"，任何一个富有远见的管理者都会非常注重员工培训的。

解雇时决不能手软

一天，主人把货物装在两辆马车上，让两匹马各拉一辆车。在路上，一匹马渐渐落在了后面，走走停停，主人便把后面一辆车上的货物全放在前面的车上。后面那匹马看到自己车上的东西都搬完了，便开始轻快地前进，并且对前面那匹马说：“你辛苦吧，你越是努力干，主人就越要折磨你。”到达目的地后，有人对主人说：“你既然只用一匹马拉车，那么你养两匹马干吗？不如好好地喂一匹，把另一匹宰掉，总还能拿到一张皮吧。”主人听从了建议，便把那匹马杀了。

人是企业的一项宝贵财产，但只有能为企业创造价值的人才称得上是企业的“资产”，否则就是企业的“负资产”了，就好像你前辈子欠了他一样，这辈子得白养活他。“一粒老鼠屎坏了一锅粥”，这项“负资产”还会带来负作用，影响其他“资产”为企业创造价值。因此，对于这项“负资产”，必须坚决清除，否则企业的利润就要被吞噬许多。

1993 年 4 月，郭士纳接过 IBM 权杖。郭士纳一反 IBM 不裁员的规定，半年内裁掉 4.5 万人，果断削减非主流业务。郭士纳的努力把濒临死亡的 IBM 重新带回了业界领袖的位置。郭士纳曾经这样向员工解释“精兵简政”的含义：“我们必须将自己的成本降到竞争对手的水平，只有这样才能成为行业中最优秀的公司。”

杰克·韦尔奇说，任何一个企业都有精简人手的可能。有些管理者因种种原因，不敢拉下脸来解雇员工，对一些不能创造价值的员工没有魄力和决断力去辞退。尤其是对那些依靠种种关系进入企业的。这样的企业离“退化”恐怕不远了。

挪威人喜欢吃沙丁鱼，尤其是活鱼。市场上活沙丁鱼的价格要比死的高许多。所以渔民总是千方百计地想法让沙丁鱼活着回到渔港。虽然经过种种努力，绝大部分沙丁鱼还是在中途因窒息而死亡。但却有一条渔船总能让大部分沙丁鱼活着回到渔港，船长严格保守着秘密。直到船长去世，谜底才被揭开。原来是船长在装满沙丁鱼的鱼槽里放进了一条以鱼为主要食物的鲶鱼。

鲶鱼进入鱼槽后，由于环境陌生，便四处游动。沙丁鱼见了鲶鱼十分紧张，左冲右突，四处躲避，加速游动。这样一来，一条条沙丁鱼欢蹦乱跳地回到了渔港。这就是著名的“鲶鱼效应”。

动力来自于压力，一个没有压力的企业也就没有动力。对于那些不能为企业创造价值的员工，必须大胆拿起解雇的大刀，这不仅可以减少“负资产”，降低不必要的支出，而且还能有“鲶鱼效应”的效果，对于其他员工起到督促和鞭策的作用。

PART

第十九章

19

财务管理——掌握企业的命脉

你能读懂财务地图吗

你知道自己企业现在有多少资产，多少负债，多少所有者权益吗？

你知道自己企业通过一年经营取得了多少收入，花费了多少成本费用，最终得到多少利润吗？

你知道自己企业一年里收入了多少现金，支出了多少现金，现在剩余多少现金吗？

如果你不知道,那么,你就得好好研究一下企业的"财务地图"了。这些"财务地图"，通常包括资产负债表、利润表、现金流量表 3 张"地图"。

1. 资产负债表

资产负债表是一种静态报表，它反映了企业在某一特定日期（如月末、季末、年末）的财务状况的会计报表。资产负债表包括资产、负债和所有者权益三方面的内容，其中：

资产反映企业在某一个特定日期所拥有的经济资源总额，一般按照流动资产（包括货币资金、短期投资、应收票据、预付账款、应收账款、待摊费用等和一年内到期的长期债权投资等）、非流动资产（长期投资、固定资产、无形资产）及其他资产分类并进一步分项列示。

负债反映企业在某一个特定日期所承担的债务总额，一般分为流动负债（包括短期借款、应付票据、预收账款、应付工资、应付税金、其他应付款、预提费用等）和长期负债（包括长期借款、应付债券、长期应付款、其他长期负债和递延税款等）。

所有者权益反映企业在某一个特定日期投资者所拥有的净资产的总额，一般按照实收资本、资本公积、盈余公积和未分配利润分项列示。

通过资产负债表，你可以全面摸清自己的“家底”，知道自己目前总共拥有多少资产，欠了多少钱，净资产是多少。再详细点，你还可以知道自己的这些“家底”是怎么构成的，比如银行存款有多少，存货有多少，应收账款有多少，固定资产有多少；欠银行（短期借款和长期借款）多少，欠政府（应交税金等）多少，欠员工（应付工资）多少，欠供应商（应付账款等）多少。

此外，资产负债表是一种比较报表，你还可以通过年初数和年末数的对比，看看自己一年来增加了多少资产，增加了多少负债，增加了多少净资产。

值得注意的是，很多企业经常对外炫耀自己有多少资产，规模有多大。但是，不要忘了，企业所拥有的资产并不是全部属于企业所有的，只有扣除掉企业所欠下的各种债务后，剩余的那部分所有者权益才是属于企业所有的，也叫做“净资产”。

2. 利润表

利润表也称损益表或收益表，是反映企业在一定会计期间经营成果的会计报表，其主要内容是列示企业在一定时期内所取得的收入、所发生的费用支出和所获得的利润。

利润表通过对当期的收入、收益、支出项目按性质加以归类，按利润形成的主要环节列示了一些利润指标，如主营业务利润、营业利润、利润总额，分步计算当期净损益。通过利润表，可以清晰地看到企业的各项经营成果：

（1）构成主营业务利润的各项要素。从主营业务收入出发，减去为取得主营业务收入而发生的相关成本费用（包括有关的流转税）后得出主营业务利润，即

主营业务利润 = 主营业务收入 − 主营业务成本 − 主营业务税金及附加

（2）构成营业利润的各项要素。营业利润是在主营业务利润基础上，加上其他业务利润，减去营业费用、管理费用、财务费用后得出，即

营业利润 = 主营业务利润 + 其他业务利润 − 营业费用 − 管理费用 − 财务费用

（3）构成利润总额（或亏损总额）的各项要素。在营业利润基础上，加上投资收益（或投资损失）、补贴收入、营业外收入，减去营业外支出后得出，即

利润总额 = 营业利润 + 投资收益 + 补贴收入 + 营业外收入 - 营业外支出

（4）构成净利润（或净亏损）的各项要素。净利润（或净亏损）是在利润总额（或亏损总额）的基础上，减去本期计入损益的所得税费用后得出，即

净利润 = 利润总额 - 所得税

利润表同样是一种比较报表，通过对“上年数”（年度利润表）和“本年累计数”的对比，可以发现今年的经营成果是不是比去年更好，同比利润增长或减少了多少，这样对一年来的业绩有个清醒的认识。

3. 现金流量表

现金流量表是反映企业在一定会计期间现金和现金等价物流入和流出的报表，表明企业获取现金和现金等价物（除特别说明，以下所称的现金包括现金等价物）的能力。要注意，这里的现金并不是单纯指库存现金，还包括可以随时用于支付的存款，以及现金等价物。

在现金流量表中，现金流量被划分为经营活动产生的现金流量、投资活动产生的现金流量和筹资活动产生的现金流量三大类。

（1）经营活动产生的现金流量。经营活动是指企业投资活动和筹资活动以外的所有交易和事项。经营活动产生的现金流入项目主要有：销售商品、提供劳务收到的现金，收到的税费返还，收到的其他与经营活动有关的现金。经营活动产生的现金流出项目主要有：购买商品、接受劳务支付的现金，支付给员工的现金，支付的各项税费，支付的与经营活动有关的其他现金。

通过经营活动产生的现金流量可以说明企业的经营活动对现金流入和流出的影响程度，并由此可以判断企业在不动用对外筹得资金的情况下，是否足以维持生产经营、偿还债务、支付股利和对外投资等。

（2）投资活动产生的现金流量。投资活动是指企业长期资产的构建和不

包括在现金等价物范围内的投资及其处置活动。投资活动产生的现金流入项目主要有：收回投资所收到的现金，取得投资收益所收到的现金，处置固定资产、无形资产和其他长期资产所收回的现金净额，收到的与投资活动有关的其他现金。投资活动产生的现金流出项目主要有：构建固定资产、无形资产和其他长期资产所支付的现金，投资所支付的现金，支付的与投资活动有关的其他现金。

通过投资活动产生的现金流量可以分析企业获取现金的能力，以及投资活动产生的现金流量对企业现金流量净额的影响程度。

（3）筹资活动产生的现金流量。筹资活动是指导致企业资本及债务规模和构成发生变化的活动。这里所说的资本，既包括实收资本（股本），也包括资本溢价（股本溢价）；这里所说的债务，指对外举债，包括向银行借款、发行债券以及偿还债务等。筹资活动产生的现金流入项目主要有：吸收投资所收到的现金，借款所收到的现金，收到的与筹资活动有关的其他现金。筹资活动产生的现金流出项目主要有：偿还债务所支付的现金，分配股利、利润或偿付利息所支付的现金，支付的与筹资活动有关的其他现金。

通过筹资活动产生的现金流量，可以分析企业筹资能力，以及筹资产生的现金流量对企业现金流量净额的影响程度。

资金就是公司的血液

受全球金融海啸影响，拥有 2239 名工人的全球最大家具制造商之一迪高乐实业（深圳）有限公司（下简称迪高乐公司）因资金链断裂而倒闭。

这已经不算什么大新闻了。从 2008 年金融海啸爆发以来，已经有一大批企业因资金链断裂而倒下了。根据统计，有的地方甚至有 10% ~ 15% 的服装厂因资金链断裂而关停或倒闭。

在危机中，现金流就是企业的命脉。打个比喻，现金流对于企业，就犹如人体的“血液”，只有让“血液”顺畅循环，企业才能健康成长。史玉柱对此有着深刻体会，“企业负债率不能过高，否则资金链就容易出现问题。现金一紧张，大多数企业都会采取借下属公司的钱、向银行贷款等‘习惯性动作’，近几年出现问题的企业几乎都是这种情况。资金链绷得太紧和开快车的道理一样，跑得最远的肯定不是开得最快的那辆车。”

经验告诉我们，决定企业兴衰存亡的是现金流量，而利润只是这一系列过程的结果。现金价值比利润衡量更真实，利润衡量可以在报表中体现得很漂亮，甚至可以作假，但是现金相对来讲更为真实。即便一个年年亏损的企业，只要保有足够的现金流量，它仍能正常运转。相反，如果一个连续赢利的企业不能保证足够的现金流量的话，也会有破产的危险。在发达国家，大约 80%的破产企业从会计上看属于获利企业，导致它们倒闭的不是由于账面亏损，而是因为现金不足。

有些人衣冠楚楚，看起来好像很有钱，其实口袋里摸不出几块钱。有些企业表面看上去生意兴隆，规模庞大，其实也只是个“花架子”。判断一个企业是否有钱的标准，不是看资产规模，而是看现金流量。现金是驱动企业前进的基本动因，资产是最基本的资源，是能创造财富的根本基础。现金流量讲求的是良性流动，资产是讲有效的利用。“一文钱难倒英雄汉”。手里没钱，电话费交不起，房租交不起，办公费付不起，银行贷款、供应商欠款还不起，即使你的生意再大也没用。你告诉别人，不要着急，我刚拿下一个大单，下个月就有几千万的进账，别人会听你的吗？

既然现金如此重要，那么企业又该如何管理好现金流量呢？总体来说，掌控现金流量，可以从以下几个方面入手：

1. 加强存货管理

存货管理是企业现金流量管理的重要组成部分。存货会占用现金，过多的存货积压会导致企业现金流量出现紧张状况。

小商店的利润率很低，但如果它能够把每天进的货品都卖掉，回报就会很高。据说美国一家大型超市货架上的卫生纸年周转率为 365 次。存货周转不畅，资金就会停留在存货层面上，“睡”在账上，产生不了效益。

加强存货管理的一个重要方面就是提高存货周转率。存货周转率是衡量和评价企业购入存货、投入生产、销售收回等各环节管理状况的综合性指标。它是销货成本除以平均存货所得到的比率，或叫存货的周转次数，用时间表示的存货周转率就是存货周转天数。其计算公式如下：

存货周转次数 = 销货成本 / 平均存货余额

存货周转天数 =360/ 存货周转次数

存货周转率指标的好坏反映企业存货管理水平的高低，它影响到企业的短期偿债能力，是整个企业管理的一项重要内容。一般来讲，存货周转速度越快，存货的占用水平越低，流动性越强，存货转换为现金或应收账款的速度越快。因此，提高存货周转率可以提高企业的变现能力。

2. 加速收款，推迟付款

为了提高现金的使用效率，加速现金周转，企业应尽量加速收款，即在不影响未来销售的情况下，尽可能地加快现金的收回。如果现金折扣在经济上可行，应尽量采用，以加速账款的收回。

在收款时，应尽量加快收款的速度，而在管理支出时，应尽量延缓现金支出的时间。比如，对于应付账款，应在不影响商业信用和不增加交易成本的基础上尽量推迟付款；对于工资费用，也应尽可能地晚点支付，但绝对不能拖延支付，否则将面临法律成本和失信于员工的成本，在这种前提下，晚支付几天就相当于占用了几天的无息贷款；对于奖金，同样可以吸收晚发工资的优点，改为按季度或年度统一发放，一来可以占用资金，二来还可以避免员工频繁跳槽。此外，采取汇票的形式支付款项通常也可以延缓现金的支付。

一般而言，当客户延迟付款，而供应商急于回款，企业付款周期比收款周期短时，便可能陷入资金周转困难的境地。相反，当企业付款周期长于收款周期时，那么企业业务量越大，则相当于从供应商那里获得的“无息贷款”也就越多。举个简单的例子，一个企业的原材料成本是50万元，员工工资成本是20万元，销售利润是30万元。如果应收账款能在30天内到帐，而应付账款60天后才需要支付，那么相当于企业“免费”获得了“100万元在银行中存放30天的利息”收入。再进一步，如果企业没有将这100万存放在银行而是继续投入扩大再生产，那么在60天应付账款的周期内，企业还可以再完成1单同样的业务，也就是说能够多获得30万元的“理论”利润。由此可见，有效管理好企业的应收账款和应付账款，既能够避免现金被无效占用或者出现现金断流的不利局面，还能够巧妙地给企业衍生出相当多的现金用以支撑各种经营活动。

3. 掌控应付账款的度

一般认为应付账款多是件好事情，既可以占用资金，又不需要付利息。但是，必须注意，应付账款也是有风险的，它同样必须偿还，一旦资金链断裂，无法清偿到期债务或在长时间内持续不能偿还，就难以摆脱破产的命运。所以，应付账款不是越多越好，同样需要掌握一个度。

4. 避免过度扩张

1996年注册成立的中国普马在成立后的8年内在中国开设了近50家分店，迅速跻身为中国最大的零售商之一。如此大规模地扩张需要大量的资金支持，普马的核心模式是以当地银行的贷款开新店扩张，通过供货商赊销经营，通过各个分店之间的现金调配来平衡现金流，甚至调配分店的资金作为新店的资本金。这种高速增长的模式使得资金流动性不足，资金链紧绷。2004年，当西南某银行收回一笔2亿元贷款时，普马各地的门店终于像多米诺骨牌一样倒掉。

过度扩张会占用大量的营运资金，从而形成营运资金不足。因此，正确处理好企业规模扩张与现金流量增长之间的矛盾是非常重要的。

5. 编制现金预算

现金预算是企业对现金流动进行预计和管理的重要工具，它是用来反映未来某一期间的现金收入和支出，以及二者对抵后的现金余缺数的预算。

现金预算包括现金收入、现金支出、现金溢余或短缺、资金的筹集和运用四部分。通过编制现金预算可以帮助企业有效地预计未来现金流量，为企业提供预警信号，及早采取措施。

编制现金流量预算时，企业应该将各具体目标加以汇总，并将预期未来收益、现金流量、财务状况及投资计划等，以数量化形式加以表达，建立全面预算方案，预测未来现金收支的状况。此外，应根据年度现金流量预算，以周、月、季、半年及一年为期，建立滚动式现金流量预算，这样更有利于依据企业现金流量的实际状况做出适时调整。

决定企业命脉的财务管理

一家建材企业，由于产品质量过硬，在市场上供不应求，可是老板却仍然愁眉苦脸。为什么？因为他看不到利润，企业的银行存款更是少之又少。他很困惑，自己的产品不但销路好，而且毛利率也不错，为什么就是利润提不上去呢？他也采取过很多措施降低成本、缩减费用，可是成效甚微。后来，他请了一家咨询公司对企业做了全面诊断，很快找到了症结所在——企业的财务混乱不堪，没有充分发挥其职能。在咨询公司的帮助下，企业建立了一套比较完善的财务体系，很快把成本费用降下来了，企业的利润自然也提高了。

在传统观念的影响下，很多企业都是把财务部门当做一个专门用于记账报账的会计部门，在他们的眼中，财务部门就是会计部门，只是用来记账、出具报表、应付税务部门的，完全忽视了财务部门的其他职能。其实，会计核算只是财务部门的一个最基本的职能，记账、算账和报账本身不是企业财务管理的目的，财务管理的最终目的是帮助企业赢利。市场经济环境下，任何企业及其所从事的业务都为赢利而生存，财务是经营管理有无价值和价值大小的评价工具，是为赢利提供决策依据的工具，企业其他职能部门是赢利实现的过程。

“次贷危机的灾难性影响使国际上越来越多的银行意识到，加强财务职能与风险管理职能的匹配是当下最紧要的事情。”安永全球金融服务部合伙人徐英伟表示。总体来说，一个完整的财务部的职能通常应包括以下几个方面：

1. 会计核算

会计核算是财务工作的基础职能，它是履行其他职能的前提。所谓核算职能，简单地说，就是及时准确地以会计记账方式记录企业发生的一切经济业务，形成企业经营的数据档案，并将这些数据经过整理和加工，以报表的形式提供给利益相关者，如企业管理层、税务部门、银行等。

会计核算的一个关键是真实准确。在国内外，不少企业都是因为财务报表作假而倒闭的。美国的安然公司、中国的德隆集团都是因为在财务报表上做了手脚，被像美国“秃鹰集团”的分析师查诺斯这样的人给最后点破的。

2. 服务支持

财务部门也是企业的一个服务部门，它为企业的正常经营运作提供服务支持，主要表现为发放工资、费用报销、提供财务数据资料等。

3. 财务管理

财务管理职能主要包括组织资金运行，处理财务关系，对内部管理者提供财务分析报告，为企业决策提供指导意见。比如，根据公司发展需要，拟定财务战略规划方案，编制各种财务计划；对公司经营状况进行财务分析并提供各种财务分析报告，为公司的经营决策提供支持；参与公司投资、基建工程、设备购置等的立项可行性研究工作，并参与投标、结算、验收全过程的监管；负责公司的财务风险（资产负债风险、信用风险等）管理；负责对投资项目进行财务可行性分析论证；参与各种对外经济合同的签订、评审工作等。

4. 预算管理

预算管理是企业管理控制的关键环节，通过预算管理可以将战略目标和资源配置更好地结合，同时与绩效考核体系相结合，建立良好的激励机制。

一套良好的预算管理机制可以促进企业战略的执行和目标的实现。预算管理包括预算的编制和预算的执行，财务部门应当在预算的编制中起到主导作用，同时对预算执行进行控制。

5. 财务监督

财务监督职能是指通过对企业各种经济活动的过程控制，使决策者的全面经营计划得到相应落实并得以实现。

“应收账款”要放在第一位

一家中型企业，营业收入达到3个多亿，利润率也不错，有15%，最终却还是因为资金短缺而倒闭了。为什么？

看看它的财务报表就知道了。在它的3个多亿的营业收入中，应收账款占了1.6个亿！表面上，钱是“挣到”了，可是都被应收账款给“吃”走了，导致资金流转不畅，不倒闭才怪呢。

20世纪90年代，企业“三角债”问题曾经在中国企业界肆虐一时，拖垮了一批企业。当时，企业“赖账”成风，而且谁赖账最多，谁就受益最大，以至于在文艺界出现了“黄世仁求杨白劳还债”的小品，辛辣地讽刺了当时一些不良信用状况。即使是目前，我国企业的平均坏账率也高于欧美企业一些，应收账款平均回款期也高于发达国家的平均水平。信用风险成为中国企业面临的挑战之一。

众所周知，应收账款是指企业因赊销产品或服务而形成的应收款项，是企业流动资产的一个重要项目。在商业贸易往来中，大多数企业都不可避免地要进行赊销活动。从企业自身分析，赊销的产生主要来源于两个方面的动机：一是扩大销售，增加利润；二是减少库存，降低成本。

然而，赊销是一把双刃剑，过多会占用企业大量的资金。而企业的资金是有限的，大量放在外面，现金流量就会出现问题。很多老板在面对蒸蒸日上的业绩时会纳闷：为什么会没有钱呢？其实不是没有钱，而是钱都在外面。如果能够把钱及时收回的话，现金流量就没有问题；一旦不能及时收回，现金流量很可能就会出现问题。

加强赊销管理可以解决应收账款带来的不利影响。英国一个信用管理研究小组的研究表明，如果一家企业在向客户销售中实行规范的赊销管理，那么企业会按时收回绝大部分的应收账款，坏账比例一般会降低 84%。

1. 组建信用管理部门

根据调查，在全部拖欠案件中，约有 80% 以上是由于被拖欠企业自身的管理原因产生的，而以往人们所说的“政策性拖欠”仅占 16%。

在我国，大多数企业都没有设置信用管理部门。而在国外，大部分企业都会建立独立的信用管理部门，即使是一些小企业也会有相应的人员或机构从事此类工作。信用管理的目的并非是要企业为避免风险而丢掉生意和机会，而是给企业确定一个承担商业风险的范围，从而增加有效销售。

信用管理部门的职责包括前期初步审查客户资料、中期建立信用管理的债权保障机制、在签约时保障或转嫁信用风险、后期则要对拖欠账款的客户进行催收。

信用管理部门应该保持完全的独立性，在企业内部，信用管理部门应该是与企业的财务部门和业务部门平行的一个部门，而不能是业务部或者财务部的内设部门。因为业务部门希望做大业务量，往往盲目赊销，忽视信用风险，而信用管理部门对其无约束力，结果企业的销售额上升了，但应收账款还是存在很大问题；财务部门不理解市场，为了控制财务风险，通常处于保守状态，总是利用信用管理部门对业务部进行销售压制。

2. 强化事前控制力度

很多企业只是把赊销管理单纯理解为追债。追债只是事后方法，更重要的是事前控制。就好像一个苹果，首先必须妥善保管避免它烂掉，一旦烂掉再去管它已经来不及了。根据东方保理公司的统计数据，实施事前控制（交货前）可以防止70%拖欠风险，实施事中控制（交货后到合同货款到期前）可以避免35%的拖欠，实施事后控制（拖欠发生后）可以挽回41%的拖欠损失，实施全面控制可以减少80%的呆账、坏账。

为了尽量降低赊销风险，在赊销前应对客户进行资信调查，评估赊销风险。对于高风险客户应该给以严格的赊销政策，对于低风险的客户就可以给以宽松的赊销政策。前期的资信调查是非常重要的，不经过资信调查而授予信用，发生坏账的风险将非常大。

西方企业传统经验认为，客户的资信通常取决于五方面：客户的信用品质（Character）、偿付能力（Capacity）、资本（Capital）、抵押品（Collateral）和经济状况（Conditions），简称“5C”系统。信用品质主要通过客户过去的付款记录预测其将来履约或赖账的可能性，由此首先决定是否给予客户信用。客户偿付能力的高低主要看其资产的流动比率和变现能力的大小。资本是客户财务状况与经济实力的客观反映，是客户偿付债务的最终保证。抵押品是客户提供的资信安全保证，必须具有较高的市场性。经济状况则要求客户的偿付能力在不利的经济环境影响下具有较强的应变能力。

根据客户的不同赊销风险等级，给以不同的赊销额度。这个额度可以是客户的营运资本或者净资产的某个百分比，或者用其他方法计算，其最终目的是为了确保安全收回款项。风险越高，给予的赊销额度就越低，每一个客户的赊销账面净额度不能超过这个额度。

为尽快收回款项，可以制定相应的鼓励政策，对货款回流及时、销售良好的客户给予奖励或给予优惠的销售政策，或是在售后服务等方面提供特别优惠，以刺激客户付款的积极性，加快货款的回笼。

现金折扣就是一种常见的鼓励政策。客户付款越早，现金折扣就越多；付款越晚，现金折扣就越少。采取现金折扣的前提是，企业通过加速收款带来的机会收益能够高于补偿现金折扣的付出。

对于一些利润丰厚，但信用风险较大的业务，可以采取相应的措施将风险加以转移，使债权得到保障。一方面是通过外部力量转移风险，比如银行提供的担保、保理，保险公司提供的信用保险，担保公司提供的信用担保等；另一方面是自身控制风险，如客户合同签署人的担保，物的担保、抵押等。

3. 加强日常管理

对于各项应收账款的运行状况，要进行经常性的分析、控制，及时发现问题，提前采取对策，防止恶化。

（1）分析账龄。企业应收账款发生的时间不一，有的尚未超过信用期，有的已经逾期。通常情况下，逾期时间越长，越容易形成坏账。因此，企业应做好应收账款的账龄分析，密切注意应收账款的回收进度和出现的变化。

（2）定期对账。为避免双方财务上的差距像滚雪球一样越滚越大，从而造成呆账和坏账现象，应建立一套规范的、定期的对账制度，同时对账之后要形成具有法律效应的文书，而不是口头承诺。

会计部门应定期向赊销客户寄送对账单，以确保双方在应付账款数额、还款期限、还款方式等方面的认可一致；对客户提出的异议要及时查明原因，做出相应调整。

（3）密切关注客户。应收账款一旦形成，企业就必须考虑如何按期足额收回的问题。信用管理部门应对赊销客户的资料进行动态管理，随时关注对方的相关信息。那些挂账金额大、信用品质差的客户，更应作为考察的重点，以防患于未然。

很多时候，客户经营状况不好，往往会出现一些危险信号，对于那些危险征兆要保持高度警惕，一旦赊销客户经营状况等出现异常并有可能危及到本企业账款的顺利回收时，应及时采取措施催收账款。

（4）建立坏账准备金制度。不管采用多严格的信用政策，只要存在商业信用行为，坏账损失的发生总是不可避免的。有的是因为债务人发生重大自然灾害，有的是因为债务人破产，有的是因为债务人突然死亡，有的是因为债务人涉及诉讼案件，有的是因为新实施的法律法规对债务人不利，有的因为市场供求发生变化或商品供过于求等原因，而导致债务人财务状况暂时或长期恶化，这些都会使该项应收账款部分或全部无法收回。因此，企业要遵循财务的谨慎性原则，根据账龄逾期的程度或应收账款的总额合理地估计坏账的风险，并建立坏账准备金制度。

4. 积极收账管理

在应收账款到期时，应采取措施进行收账。收账政策分为积极的收账政策和消极的收账两种。采用积极的收账政策，可能会减少坏账损失，但会增加收账成本。如果采用较消极的收账政策，则可减少收账费用，但却会增加坏账损失。企业应依据市场经济环境和自身状况科学地设计回款策略。

合理的收账程序和讨债方法也很重要。一般要先给客户一封有礼貌的通知信函，进一步可通过电话催收，如再无效，企业的收账人员可直接与客户面谈，若证实客户确实遇到暂时困难，经过努力可以东山再起，企业应帮助客户渡过难关，以便收回较多的应收账款。若客户虽有能力付款却想方设法进行拖欠，则有必要采取法律行动提请有关部门仲裁或提起诉讼等以维护企业利益。

值得注意的是，很多企业都是由销售人员或财务人员去催收货款，这种做法带有明显的缺陷。销售人员与客户有先期的个人关系，担心损害关系，影响将来的销售业绩，所以并不尽力地去催收。而财务人员催收时经常口气严厉，方法生硬，往往使客户产生抵触情绪，导致他们不再向企业订货。最好是由企业专门的信用管理人员或委托专业公司追款，因为他们具有专门的追款知识和技巧，懂得如何在适当范围内给予欠款客户警告，并给出最后的还款期限。

PART

第二十章

20

业绩管理——沟通可以提升效率

不去沟通就会产生误解

毫无疑问，沟通可以消除误解，不善沟通，只能产生误解。每个人每天都在与别人交往、沟通，可并不是每次的沟通都能得到令人满意的效果，那就要学习一些沟通的方法。

（1）与人沟通永远不嫌迟。不要因为害怕对方可能有反应，以致迟迟不敢沟通。记住著名的帕金森定律：因为未能沟通而造成的真空，将很快充满谣言和误解。

（2）负起沟通的责任。作为聆听者，听听他人要说些什么；作为说话者，确定他们能够了解你说些什么。绝对不能用一半的心意来对待与你有关系的人，一定要有百分之百的诚心。

（3）从其他人的观点来看看你自己，把自己当做你的员工。

（4）不要让那些不正确的闲言闲语使你成为受害者。当你看到或听到某件令你印象深刻的事情之后，要立即查证这个消息来源的可靠性。不要光听你喜欢听的事情，要多听听事实。你要不停地从可靠的权威来源那儿扩大你的信息库。

（5）对于你所听到的事情，都要以开放的心情及态度加以查证。要有开阔的心胸，不怀偏见，要有充分的分析能力，对其真相进行研究。

（6）对每一个问题，都要考虑到它的积极面与消极面，要追求积极的一面。

（7）检讨一下你自己，看看是否能够轻易及正确地改变你的“角色”，而从严肃的管理者，变成彬彬有礼的朋友。

（8）暂时退出你的生活圈子，考虑一下究竟是哪种人吸引你的注意力，以及你吸引什么样的人注意你，他们是不是属于同一类型？你是否能吸引成功者？你所吸引的人是否比你更为成功？为什么？

管理者在企业内部交往中，面对的对象几乎全是自己的下属，所以，如何沟通，使上、下级关系更协调，就变得相当重要。这里介绍一些激发、调动下属积极性的技巧。

请你记住这项原则：人们都渴望感觉“他们是你生活的一部分，在你心中占有一定分量。”如果能满足这项需求，你就能轻易获得他的赞美、尊敬，以及通力合作的回报。

然而，许多管理者工作太忙，忘了实施这一原则，因此，必须加以纠正，只有让人们感到他们重要，他们才会把工作做得更好一些。

高昂的士气是提高生产效率的一个重要因素，这意味着一个称职的管理者应当不断努力提高自己企业内每一个人的自尊心。

经验证明，一般来说，你估计他们会怎么干，他们果然就会怎么干。你要是估计他们干不好，他们也许真的干不好。把你下属身上尚未发掘出来的那部分潜力发掘出来，那时，他们的工作水平就会大幅度提高。

那么，一个管理者怎样才能使下属感到自己重要呢？首先是倾听他们的意见，让他们知道你尊重他们的想法，让他们发表自己的见解，你总会在这样做的过程中了解到一些情况。其次，要肯定和赞美他们。

许多天资聪颖的人由于缺乏热情未能获得成功，许多管理者由于得不到下属支持而无法工作。一个能激起热情的平凡主张比一个不能激起热情的非凡高见好得多。因此，管理者必须能激起下属的热情。要实现这一目标，管理者本人首先必须要有热情。

同其他人一样，管理者有时也不喜欢工作，这时不得不进行一番自我调节，以保持平时的热情。我们得不断给自己打点气，鼓点劲，一帆风顺时保持热情并不难，但是在逆境中要保持热情，那确实是对一个人综合素质的考验。你必须让自己保持热情，直至在自己身上自然而然地产生出热情。

一次，一位会议主持人邀请一位著名演讲家讲话，给大家鼓劲。当会议主持人向与会者介绍他时，发现他在台后来回踱步，接着上下蹦跳，并以手击胸，然后跑步上台，给热情洋溢的观众发表了引人入胜的讲话。午饭时，会议主持人坐到他身边问他："你让我紧张了好半天，你干吗上下蹦跳，并以手击胸呢？"

"哦，我来这里是为了给大伙鼓劲。可是这些天我就是不能使自己的情绪达到最佳状态。然而，我知道，你们期待的是一位热情奔放、生龙活虎的演讲者。我不想使你们失望，因此，我不得不做做操，拍拍胸，使自己振作起来。"

足球比赛时歇斯底里的呐喊以及销售会议和集会上鼓舞人心的讲话所激起的热情，对一些人有重要作用。但是在大多数情况下，我们与人们的交往则是个人同个人的交往。因此，在个人与个人交往方面能激发出多大的热情，是衡量我们说服力的一个标志。最有说服力的，就是一个人能激起另一个人的热情。

缺乏热情有可能导致严重的后果。你见到过对自己出售的商品毫无兴趣的售货员吗？如果一位顾客问某产品有何功能或坏了是否能配到零件时，售货员回答说"不知道，也许能配到"之类的话，这种冷漠的态度马上会传染给顾客，即使这位顾客走进商店时急于想买到那种产品，此时他就不会买了。

热情必须首先从你身上产生出来，如果你自己没有热情，那么你周围的人热情也不会有。但是仅仅有热情是否就够了呢？不是的。

如何调动下属的积极性、主动性，不能单单从下属方面去分析。一个管理者对待下属的态度和言行，以及工作方式和工作作风，会直接影响到下属的积极性、主动性。所以，要调动下属的积极性，就要掌握调动人的积极性的技巧。这些技巧包括：

（1）在分配工作任务时，应该使下属意识到他自己就是任务的主要负责人。

（2）应该使下属具有参与感，认识到自己在完成该项任务中的地位与作用，并能做出贡献。

（3）由于人往往是根据自己的意志去工作，所以，应该给下属一定的权限，给予一定的自主支配权。

（4）在分配工作时，要时时不忘鼓舞下属的工作热情。

（5）要使下属感到每天的工作对他具有一定挑战性，在工作中能寻找到发挥自己才干、自我实现的机会。

（6）在和下属说话时，主要是倾听意见，而不要用教训的口吻发表意见。

（7）要创造一个良好的工作环境，使下属能够充分发挥自己的聪明才智与干劲。

（8）要坚持与人为善的态度，下属合理的要求，都应设法予以满足。

（9）在满足下属要求的同时，应着重启发他们良好的工作态度和负责精神。

（10）在不能满足下属要求时，应诚恳地说明原委并给予恰当的处理。

（11）对下属要一视同仁，一碗水端平，处事要公正，赏罚要得当。

（12）对下属指令要明确，不可含含糊糊，并且决断要及时。

（13）对下属平时要严格要求，但工作中一旦出了问题，首先要承担责任。

（14）对下属的要求，不要轻易许诺，既然许诺就必须切实做到，切勿失信。

（15）在安排工作时，要根据人的兴趣、爱好与能力，不强迫下属做不感兴趣或力所不能及的事。

（16）给予下属完全的信任。

（17）要创造使每个人能与他人协同工作、相互和谐的工作环境。

（18）要注意信息流通，把决策交给下属，让下属体验决策的重要性而主动发挥自己的积极性。

企业管理者如果能做到以上18条，他的下属就会感到心情舒畅，干劲倍增，从而为完成企业的目标积极发挥自己的聪明才智和主动精神。

巧妙处理各种关系网中的关系

做生意离不开人际关系，赚钱需要人与人相处，处理好人际关系是进行商务活动的关键环节。作为生意人，必须战胜自己的虚荣心，战胜自己的面子观念，做到“我没面子，别人有面子”。套用社交场合的一句话：友善处世，真诚待人。

1.人情世故门槛高

在生意场上，人际关系的特殊意义表现得相当突出。谁都知道，多个朋友多一条路，中国人看面子重人情，所以在处理问题时往往会考虑情感因素。

感情是否沟通，面子是否给足，氛围和感觉是否良好，往往是一笔生意成功与否、一桩合作成功与否、一个公司内部和谐与否的重要条件。外国人到中国来做生意很难适应，“蓝眼睛”与“黑眼睛”坐在一起洽谈生意，永远是“蓝眼睛”急冲冲地冲上前台，却找不到用力使劲的支点，其原因就是他们始终摸不清楚中国人的人情世故的门槛有多高，只能仰天长叹，不得已委托“黑眼睛”做生意代理，这着棋果真灵验，结果是皆大欢喜。

人情世故的核心就是面子，面子是人与人交往过程中予以对方的尊重，在生意往来、朋友交往中，你得将对方的位置摆得比自己高一点，如此一来便使人情得以积累，朋友得以增加，公司的生存环境和发展就会越来越进入良性循环。中国文明历史悠久深远，具有五千年历史的传统观念，在生意场、上在人际关系中，都会反映出来。

处理生意场上的纠葛与矛盾时，有很独特的方法，即留有余地，日后好见面，这是聪明人的做法。逞一时之快，显一时之勇，把事情搞砸，不留余地地，被人们视为露头青、不稳重，成不了气候。生意人之间分歧如果不是原则上的或利害冲突不大，都要给对方留一点面子，退一步海阔天空，既受圈内人的称赞，又被当事人感激。学点“太极功夫”，当别人打过来时你让一下，随后再顺势不轻不重送回去，留有余地，受益多多。

2. 人情商人面子大

所谓“人情商人”是以人际关系为支点进行商务活动的人，这类人往往有广泛的社会背景，健康的心态，稳定的情绪，坚强的意志，柔韧的性格，乐观豁达且善解人意，从而具有亲和力。生意场上打交道的都是各色人物，打交道的目的、期望值等也各不相同。中国人含蓄，不习惯一见面就将所有的问题和要求直接端到桌面上来，所以要想构建良好的人际关系，还得讲究弦外之音。

怀着某些目的与陌生人打交道需要掌握谈话的火候，最初要含蓄一点，最后才说破，说破的时候就面临选择，要么尴尬，要么皆大欢喜。为了避免风险，应从对方的言行举止中体察到其内心的真实想法。业务谈判中，当对方并没有直接表达出来时，而你已经将其想法完全掌握，并提前办妥，这就给足了对方面子，如此一来，你的生意一定顺利。

3. 人情渗透生意场

生意场上的人际关系够人学一辈子。生意场是各种商业关系的总和，生意的运作离不开关系的运作，所以甚至有人说，做生意 30%讲技巧，70%讲人和。

进入现代商场，也就等于进入了一个公共关系网，你必须在很多方面协调各方面的各种关系，因为很多人和你的生意要发生关系，于是有人说："关系不是万能的，没有关系是万万不能的。"为了你的利益，你得认识他们、了解他们、尊重他们，做到人际关系的水乳交融。一位久经商海风浪的人士无不夸张地总结道："在当今生意场上，生意运作中不少是人际关系的运作，从某种意义上说人际关系也是一种生产力。

4. 人际关系差生意难做

如今生意人对于人际关系可说是又爱又恨，但做生意又非得有张让人很累的关系网，难得有那份清闲和洒脱。一位生意场上的朋友说：做生意本身就累，如果不搞好人际关系，或者想搞好而又搞不好，生意就难做。

人际关系不仅有好坏高低之分，更有范围大小，质量优劣、时间长短的区别。俗话说，人际关系是张网，这张网可能把你罩住、牵扯住，让你挣不开、跑不脱，但也能使你耳听八方、眼观六路、四通八达，生意做得比别人更得心应手。

假如你的人际网关系范围大、质量高，你不仅可以得到很多信息，拥有许多选择，而且还可能传递出去很多于你有利的言论，使你的公众形象更好。假如这张网上全传给你假信息或者根本不给你信息，对外则专门传你的坏消息，使你有口难辩，你就难免被这张网缠住、勒住。做跨国地区贸易的，面对报关、运输、资金等难题，认识不认识相关人士，其境况显然大不一样。

市场经济既公平也无情，因为它打掉了横在人与人之间的尊卑贵贱等级观念，也打掉了贵族式的清高，生意场上谁也不敢自诩万事不求人。在现代城市的钢筋水泥的"森林中"，生意场上时有坑蒙拐骗，生意人有很多理由为自己穿上厚厚的坚硬盔甲，但你必须拥有一颗柔软的、与人为善、与人相处的心。有人说，商场就是各种商业关系的总和，大多数的情况下，仁义不在买卖就做不成，许多事就难免搁浅。

5. 情商的处世哲学

善于与人相处，有几条比较切实可行的原则：

（1）当你手中拥有几张初交者的名片时，你必须迅速出击，把它充实为十倍、百倍的能量。它将是你人际关系的资源，是随时可以挖掘的和启动。这一点的难点是要突破清高顾面子、不以任何方式主动与人交流的心理障碍，要点是不可太急于将陌生人变成为客户，而需要慢慢“和面”。生意之道是慢工出细活，不能操之过急，要有耐心，通过事实、时间争取别人的理解和信任。

（2）要做到细节真诚，而细节真诚又来源于内心的真诚。“以财交者，财尽而交绝；以色交者，色落而爱移；以诚交者诚至而谊固。”从某种意义上说，客户至上并不是说给客户听，而是说给自己的内心听，让内心将其消化，然后散发到点点滴滴的行动中。做到“润物细无声”这关键是对对方的理解，无论怎样的朋友或伙伴，他们所以与你相交、合作，或多或少有目的，切不可因此而看不惯。理解后才能真诚相待，才能平平淡淡地做到点上，让人真正感到你的友善。那种热情夸张、殷勤过火的行为，反倒显得过分勉强，不够真诚。

（3）要树立你个人的口碑，进而树立公司的形象。通过品德的修炼，对惯例及规范的秉持，慢慢积累你的影响力。当大家说你这个人很不错，口碑很好，处理问题到位，这个时候就会有为数不少的人有意无意地支持你，你的才能就会得到最大的施展。

生意人要树立对人际关系的长期投资的观念。有些短期内看似不重要的人和事，长期看就可能很重要，所以精明的生意人如果能把钱适时地投在人才上面，投在一些比较有能力的朋友身上，回报必定远远超过你的投入。

市场经济时代，随着和气生财、与人为善、共荣共利等概念的流行，经济圈中新型的人际关系的衍生，社会生活也发生悄然变化。从生意场走出来的人往往变得谦恭，变得和气，而他们的谦恭与和气又影响着周围更多的人，而这无疑是一种进步。

及时去化解与他人的矛盾

矛盾无处不在，无时不有，公司里就是这样。俗话说："一个灶上抡马勺，哪有不碰撞的？"管理者每天与下属相处共事，难免发生矛盾。管理者如果能把这些矛盾妥善处理，就会在下属中树起威信，与下属建立起和谐融洽的关系。

在缓和与下属的矛盾时，管理者可以从以下几方面入手。

1. 得饶人处且饶人

下属如果做错了一些小事，不必斤斤计较。动辄责骂训斥，只会把关系弄僵，因此，要尽量宽待下属。

对下属给予宽容，在得罪过你的下属出现困难时，要真诚地帮助他。特别要提醒的是要真诚，如果是勉强的，就会觉得很不自在，如果对方的自尊心极强，还会把你的帮助看做是蔑视、施舍而加以拒绝。人无完人，有什么对不住你的地方，多担当一点，"宰相肚里能撑船"嘛。

2. 消除工作中的矛盾

管理者与下属对待某一问题出现意见分歧，这是很正常的事情。这时作为管理者，需要克服这样一种心理："我说了算，你们都应该以我说的为准。"其实"众人拾柴火焰高"，把大家的智慧集合起来，进行比较、综合，你会找出更可行的方案。下属提出高招，你不能嫉妒他，更不能因为他高明就排斥他，拒绝他的高见。这样，你嫉妒他超过了你，他埋怨怀才不遇，遭受压制，双方的矛盾就会变得尖锐。你有权，他有才，积怨过深，发生争斗可能会导致两败俱伤。

作为管理者，要能够发现下属的优势，挖掘下属的潜能，战胜自己的刚愎自用，对有能力的下属予以重用、提拔，肯定其成绩和价值，只有这样才能更好地化解矛盾。

发现下属的潜能，并能委以重任，可以减少很多矛盾。下属经你的友善提示会发现自己的不足，就会觉得自己“三生有幸”，就会对工作环境、工作条件不那么在乎，也就避免了很多与你发生矛盾的可能。

从另一角度讲，管理者与下属能进行这样的交流，发掘并动用下属的潜能，下属从管理者那里得到点拨，就会知道能做什么、不能做什么，应该得到什么、不应该得到什么，就不会因得不到某些机会、某种奖励而与管理者发生矛盾。

3. 认真负责，及时纠错

解决矛盾时，如果是你的责任，要勇于承担责任。谁都会有失误，一些事情的决策本身就具有风险性。当工作中出现问题时，你与下属都在考虑责任问题，谁都不愿意承担责任，但作为管理者，无论如何都会有责任。决策失误，自然是管理者的责任；执行不力，是因为制度不严或管理者用人失察；因外界原因造成失误时，管理者有分析不当的责任，等等。

把责任推给下属，出了事儿只知道责备下属，不从自身找原因，就会与下属发生矛盾，也会错怪下属。这些都会让你失去威信。

即使是下属的过失，作为管理者也是站出来承担一些责任，比如指导不当等，这更能显示出管理者高风亮节，不至于在出了问题以后上下关系显得都紧张，以致出现矛盾。

4. 处理错误的技巧

发现确属自己的错误时，要允许下属发泄。上下级间存在矛盾，如果因为管理者工作失误，下属会觉得不公平、压抑，有时会发泄出来，甚至是直接面对管理者诉说不满、指责过错。

遇到这种情况，管理者不能以怒制怒，双方剑拔弩张，这不利于问题的解决，只会产生矛盾。日本的一些公司在这方面做得就比较明智。他们在公司中设立一个类似于“发泄室”的屋子，屋子里面设公司各级管理者的头像或模型，让员工在对他们不满时去对头像或模型臭骂一通，发泄心中的怒火，回去继续努力工作。

这仅是一种间接的发泄方法，不利于解决矛盾中存在的问题。因此，在遇到下属直接找你发泄对你的不满时，应该理解他是对你信任的、寄予希望的。没有信任，害怕说了会挨整，他就不说了；没有寄予希望，他就不会来找你。

因此管理者在接待发泄不满的下属时，要耐心地听下属的诉说，如果经过发泄后能令其心里感到舒服，能更愉快地投入到工作中去，听听又何妨?同时这也是一个了解下属的很好的机会，可不能一怒而失良机。

5. 坦荡大度，游刃有余

矛盾的发生无论原因在管理者还是在下属，管理者都不能一味忍让。责任在下属，适当给予宽容，也要给予指出，否则他会浑然不觉，以后还会出现类似的错误。责任在管理者，进行有效地处理后，对于一些不知深浅的下属，也不能一味忍让。宽容并不是愚蠢，退步不等于软弱，在适当的时机需予以“反击”，以阻止下属无休止的“纠缠”。

解决与下属的矛盾时，就要学会指出下属错误的方面。提出批评，指出错误要为下属保留面子，并且能不因此招恨惹怨，还要让下属觉得改正错误不难。

指出下属的错误，提出批评时，那不妨先赞美对方的一些优点，正如美容师给顾客刮胡子要先抹上肥皂泡。也像做手术一样，先施行麻醉，患者虽然要遭受刀割针缝之苦，但麻醉剂却抑制了疼痛。

人们都不喜欢接受别人直截了当的批评，那你不妨先提自己的错误，这更能让下属产生共鸣，更容易接受。

对待下属的失误，指出并进行批评，再加以处理，过程一定要冷静，要给下属留足面子。有的管理者脾气一上来，不分场合，当着众人把下属批评一通，这样，容易把关系弄僵。

以上方法能够把一触即发的矛盾消弭于无形，值得借鉴。

与员工打成一片

企业管理者凝聚人心的方法，应当是善于与员工融为一体。

有人认为每一间办公室，就是一个小社会，人与人之间的关系，可以很复杂，也可以很单纯，这要视身为这个大家庭一分子的你，如何与自己喜欢或不喜欢的人融洽相处，达到真正地沟通。这就要求管理者会跟下属交朋友，这样才能成为优秀的管理者。

一般人似乎都很容易把注意力集中于与上级相处的技巧上，对于那些职位比自己低的同事，则态度不好，时常把自己心中的闷气发泄在他们身上，动辄表现出不耐烦的表情，根本没有考虑到对方的感受。上述种种，你是否也曾有过？抑或你曾身受其害？一个在办公室里游刃有余的人，他的心中不会存在着等级观念，他懂得人人平等的道理，就算自己的职位比别人高，也不会恣意妄为，知道尊重别人是自重的第一步。

无疑，你的下属有责任帮助你完成工作，事无大小，你都可以交给他处理，但如果你能将一些较烦琐而困难的工作独自完成，让下属有更充裕的时间做好其分内的事，下属必然感激不尽，对你更尊重。上级与下属之间，唯有以互助互谅为基础，工作才会变得轻松而有意义。

视下属如知己良友，时常征询下属的意见，接受下属的批评，力求消除彼此心中的隔阂，下属做起事来必然格外卖力。

表现出色，刚刚获得升职，而且公司新聘了一个助手给你。不过，千万不要以为助手是你的“马仔”，要把他看做朋友，这样合作起来才会得心应手。他既是初来乍到，对办公室的一切都陌生，那么你必须给他一定程度的帮助，使他早日适应环境，利用你的经验解决他的疑难，或者在工作之余跟他多谈谈公司里的工作程序和其他小事，省得他四处碰壁。

不要忘记让他参与所有跟他有关的会议，让他多了解公司的业务和同事们的工作情况，也让他多发表意见，这样既建立其信心，你也可知悉其心思。

当他初次工作时，多提醒他，多给他时间去了解、消化，不妨多解释几遍工作中，会遇到的问题。

还有很重要的一点，就是别吝啬适当的鼓励。

许多女秘书宁可为男上级效劳，因为她们觉得女上级爱在“鸡蛋里挑骨头”，还有，大家都是女人，应该有同等的权利，所以无形中会对女上级产生“排挤”的情绪。

假如你是一位女上级，面对这种女秘书。不要总以自己的标准去要求对方，即使你经常自愿超时工作，也不应强迫对方跟着你。待她如工作伙伴，在适当的时候赞赏她，以表示你欣赏她的工作态度和多谢她的合作。避免过分控制她的工作方式，只要她能如期替你做好一切，使你无后顾之忧，就够理想了。

此外，多注意对方的私事，例如病了、买了新衣服、换了化妆品等，别忘记问候或赞赏她，这样，她就会觉得你不单单是上级，还是朋友。

一个管理者的责任之一，是令下属团结，发挥最高的效率。如果这点也办不到，就难以委以重任。而要成功地做到这点，倒也得花些心思。

由于地位不同，下属对你会有不同看法，有人觉得你有架子，难以接近，也有人会以异样的眼光看你，认为你会与他们对立。无论如何，你一定要与他们打成一片，减少隔膜，例如参加他们的聚会，显示你的随和。

另一方面，在办公室里，除了待下属和蔼、不摆架子外，你必须保持一定的形象，要有一定的尊严，如将不同的任务委派去负责，交代任务后最好不要指指点点，除非遇到有大问题，否则最好留待任务结束后再“评判”，这样做表示你是尊重下属的。

还有，就是多与下属接触，别让“地位悬殊”这一套占据着你的脑袋，心灵沟通压根儿是没有界限，与他们打成一片，听听他们的话题，多了解他们的性格，对公司的看法和对各级领导的印象。由于他们每天均有机会接触同事，自然对同事的认识较全面，这些不正是管理者所需要的吗?

表现出管理者特有的说服力

有些企业管理者在指出员工常犯的毛病时，总是先想好几条理由，然后去和对方辩论；还有的是站在长辈的立场上，以教训人的口吻，指点别人该怎么做。这样一来，就是等于先把对方推到错误的一方，因此，效果往往不好。

超强的说服方法很多，归纳起来大致有以下几种。

1. 用高尚的动机来激励他

在一般情况下，每个人都崇尚高尚的道德，都有起码的觉悟和为人之道。所以，在说服他人转变看法的时候，一个有效的办法就是用高尚的动机来激励他。比如说这样做将为国家、企业带来什么好处，或将对家庭、对子女有好处，或将对自己有什么正面的影响，等等。这往往能够很好地启发他，让他做应该做的事。

2. 用热忱的感情来感化他

当说服一个人的时候，被说服人最担心的是可能要受到的伤害，因此，在思想上先砌上了一道墙。在这种情况下，不管你怎么讲道理，他都听不进去。解决这种心态的最有效的办法就是要用诚挚的态度、满腔的热情来对待他，在说服他的时候，要用情不自禁的感情来感化他，使他从内心受到感动，从而改变自己的态度。

3. 通过交换信息促使他改变

实践证明，意见的不同往往是由于掌握了不同的信息所造成的。有些人学习不够，对一些问题不理解；也有些人习惯于老的做法，对新的做法不了解；还有些人听人误传，对某些事情有误解，等等。在这种情况下，只要能把信息传给他，他就会觉察到自己想的不是那么美好，进而采纳上级的新主张。

4. 激发他主动转变的意愿

要想让别人心甘情愿地去做某事，最有效的方法不是谈你需要的，而是谈他需要的，怎么去得到。所以有人说："撩起对方的急切意愿，能做到这一点的人，世人必与他同在；不能的人，将孤独终生。"

探察别人的观点并且引起他心里对某项事物迫切需要的愿望，并不是指要操纵他，使他做只对你有利而不利于他的某件事，而是要他做对他自己有利，同时又符合你的想法的事。这里要掌握两个环节：一是说服人要设身处地地谈问题，要把别人的事当做彼此互相有利的事来加以对待；二是在促使他行动的时候，最好让他觉得不是你的主意而是他自己的主意。这样他会更加喜欢，更加主动和积极。

5. 用间接的方式促使他转变

说服人时如果直接指出他的错误，他常常会采取守势，并竭力为自己辩护，因此，最好用间接的方式让他了解应改进的地方，从而让他达到转变的目的。所谓间接的方法是多种多样的，如把指责变为关怀，用形象的比喻加以规劝，避开实质问题谈相关的事，谈别人的或自己的错误来启发，用建议的方法提出问题，等等。这就要根据实际情况创造性地加以运用。

6. 提高对方“期望”的心理

被说服者是否接受意见，往往和他心目中对说服者的“期望”心理有关，说服者如果威望高，一贯言行可靠，或者平时和自己感情好，觉得可以信赖，就比较愿意接受他的意见。反之，就有一种排斥心理。所以作为企业管理者，平时要注意多与下属交往，和他们建立深厚的感情，这样在工作的时候，就能变得主动。

PART

第二十一章

21

作风管理——促进企业蓬勃发展

赏罚严明才能形成铁的纪律

自古以来，任何组织的管理都有一条铁律，那就是“赏罚分明”“奖勤罚懒”。街亭战后，诸葛亮对马谡的罚以及对王平的赏，都充分地体现了诸葛亮恩威并施的不凡智慧。

三国时期，诸葛亮首次北伐，他任命参军马谡为前锋，镇守战略要地街亭。临行前，诸葛亮再三嘱咐马谡：“街亭虽小，关系重大。它是通往汉中的咽喉。如果失掉街亭，我军必败。”并具体指示让他“靠山近水安营扎寨，谨慎小心，不得有误”。

马谡到达街亭后，不按诸葛亮的指令依山傍水部署兵力，却骄傲轻敌，自作主张地想将大军部署在远离水源的街亭山上。魏明帝曹睿得知蜀将马谡占领街亭，立即派骁勇善战、曾多次与蜀军交锋的张郃领兵抗击，张郃进军街亭，侦察到马谡在山上，心中大喜，立即挥兵切断水源，掐断粮道，将马谡部围困于山上，然后纵火烧山。蜀军饥渴难忍，军心涣散，不战自乱。张郃命令魏军乘势进攻，蜀军大败。马谡失守街亭，战局骤变，迫使诸葛亮退回汉中。

诸葛亮总结此战失利的教训，为了严肃军纪，诸葛亮下令将马谡革职入狱，随后斩首示众。临刑前，马谡上书诸葛亮：“丞相待我亲如子，我待丞相敬如父。这次我违背节度，招致兵败，军令难容，丞相将我斩首，以诫后人，我罪有应得，死而无怨，只是恳望丞相以后能照顾好我一家妻儿老小。这样我死后也就放心了。”诸葛亮看罢，百感交集，老泪纵横，心若刀绞，但若违背军法，免他一死，将失去众人之心，于是，挥泪下令斩首。与此同时，他对街亭之战有战功的大将王平予以表彰，提升了他的官职，做到赏罚严明。

在现代企业管理中，优秀的管理者要做到像诸葛亮一样，有奖有罚、恩威并施，这也是对员工很重要的一个激励手段。形象一点来说，就是要管理者用好手中的“棒棒糖”和“狼牙棒”，要使员工明白，努力工作就能尝到棒棒糖的甜，犯了错误会感受到狼牙棒的痛。

在企业里，管理者只有“赏罚分明”，才能不断强化正确的行为、抵制错误的行为。“赏”是对员工正确行为的一种肯定，旗帜鲜明地表明员工哪种行为是赞同的；“罚”是对员工错误行为的否定，表明哪种行为是被禁止的。

赏罚分明，就要做到有理有据。摩托罗拉公司就是赏罚分明的代表。摩托罗拉公司每年的年终评估以及业务总结会一般都是在次年元月进行。公司对员工个人的评估是每季度一次，对部门的评估是一年一次，年底召开业务总结会。根据一年来对员工个人和部门的评估报告，公司决定员工个人来年的薪水涨幅，并决定哪些员工获得晋升机会。每年的二三月份，摩托罗拉公司都会挑选一批优秀员工到总部学习，到五六月份会定下哪些人成为公司的管理职位入选者。

摩托罗拉公司员工评估的成绩报告表很规范，是参照美国国家质量标准制定的。摩托罗拉公司员工每年制定的工作包括两个方面：一是宏观层面，包括战略方向、战略规划和优先实施的目标；二是业绩，包括员财务、客户关系、员工关系和合作伙伴关系。

摩托罗拉公司员工的薪酬和晋升都与评估紧密挂钩，虽然它对员工评估的目的绝不仅仅是为员工薪酬调整和晋升提供依据。但是，公司根据评估报告进行员工薪酬调整和晋升的过程中，评估报告已经成为公司赏罚分明的一个最为重要的工具。

企业就是军队。军队赏罚分明，可以提升战斗力；企业赏罚分明，可以提升公司的市场竞争力。如果赏罚不明，一切制度都成了虚设；赏罚分明，制度就容易得到巩固和完善。企业管理者在赏罚分明方面要注意 3 个问题：

（1）有功必有赏。下属有功劳而不能获得奖赏，他会心生怨气，陷入懈怠，工作失去主动性和积极性。

（2）有过必有罚。企业必须讲究制度和纪律，团队事务是公，不能因为个人私交感情而有过失不惩罚。有过不罚，等于说企业自动放弃了惩罚机制。

（3）奖罚一定要双管齐下。下属取得成绩，及时给予奖励和肯定，以此来激励下属取得更大的成绩；下属犯了错误，给予批评和惩罚，以此来警醒下属改正错误。另外，赏罚一定讲求公平，否则会引起员工的抵触心理。

官僚主义是企业发展的隐患

管理者若是想对企业进行大改革，全面铺开，眉毛胡子一把抓恐怕很难成功。先做几个成功试点，然后把成功经验四处宣讲，其他部门就知道了几个重要信息：管理者改革的决心以及改革的方法和成效，接下来全公司的改革就会顺利铺开。杰克·韦尔奇对官僚主义作风的成功改革是典型案例。

杰克·韦尔奇接任 GE 公司（通用电气公司）时，公司并不是一个烂摊子，它有很多优势。那时 GE 公司是个总资产 250 亿美元的大公司，年利润额为 15 亿美元，拥有 40 多万名雇员。它的产品和服务渗透到美国经济的方方面面：从烤面包机到发电厂，几乎无所不包。但表面光鲜的 GE 公司其实有许多隐患，官僚主义是最突出的表现。

例如，GE 公司有太多没什么积极意义的会议。每年春天，管理层都要参加一个家用电器展评会。一群设计者和工程师带着硬纸板和塑料制作的模型赶来参加展评。他们向领导询问其对未来的冰箱、暖炉以及洗碗机模型的意见。杰克·韦尔奇很清楚这些模型中有一些是做过除尘处理、重新擦拭过的，因为它们在几年前的展会上就已经展出了。他还知道，公司的领导层（包括他自己）所提的那些意见根本不会有什么参考价值，这种例行公事的展评浪费了时间。

杰克·韦尔奇上任后，到处投掷“手榴弹”，力争把那些阻碍公司前进的传统和无聊会议统统“炸掉”，爱尔梵协会就是典型例子。爱尔梵协会是GE公司的管理人员俱乐部，成为一名爱尔梵协会会员被认为是进入管理层的“通行仪式”。杰克·韦尔奇对爱尔梵协会的人没什么好感，因为这些人只不过是想在晚餐聚会的时候能够被自己的上司或者上司的上司看上几眼。如果有主管本地业务的GE公司副总裁要出席晚宴的话，整个宴会大厅就会人满为患，热闹非凡，每个人都想在上司面前露露脸。如果来演讲的人不那么位高权重，会场就会显得冷清。

1981年秋天，杰克·韦尔奇作为新任高管被爱尔梵协会邀请发表演讲，人们认为这会是个不错的聚会，新官上任，照例都是要讲一些套近乎的场面话，因此来自全美各地的数百名爱尔梵协会成员到场。杰克·韦尔奇说：“非常感谢你们邀请我来这里讲话。今天晚上，我想对大家坦诚相告。首先我要告诉大家一个事实，并希望你们对此作一番深思。这个事实就是，我对你们这个组织存在的合理性持有严重的保留意见。”他接着说：“我看不出你们现在做的这些事情有什么价值,你们现在是一个等级分明的社交俱乐部。不过，我并不打算告诉你们应该怎么做或者你们应该成为什么样子。爱尔梵协会未来应该扮演一个什么样的角色,这是你们自己的事情。怎样做对你们自己、对公司才真正有意义，由你们自己决定。”杰克·韦尔奇结束演讲的时候，底下一片沉默。

一个月以后，爱尔梵协会的会长凯尔·内萨默给杰克·韦尔奇带来了关于爱尔梵协会未来发展的新构想：里根总统正鼓励人们多做些义务服务，以填补政府撤出某些社会领域所形成的空白，他们想把爱尔梵协会转变成一个GE公司社区的志愿者服务团体。凯尔的远见卓识让杰克·韦尔奇感动。如今，爱尔梵协会已经拥有4万多名成员，其中包括已经退休的员工。

在任何一个设有GE公司的工厂或者分支机构的社区，都有爱尔梵会员为社区工作的身影。从修建公园、运动场、图书馆到为盲人修理录音机，他们什么都做。其中艾肯高级中学学生通过GE公司志愿者的义务辅导，毕业生中被大学录取的比例从最初的不到10%提高到了50%以上。

只要有机会，杰克·韦尔奇就把爱尔梵协会的成功改革以及其他类似的成功故事向每一个GE公司的听众讲述，他用这些故事向人们清楚地展示了他所希望的GE公司“感觉起来”究竟是什么样子。渐渐地，人们听进去了，理解了，杰克·韦尔奇最终击败了GE公司的官僚主义作风。

挖掘年轻人的工作激情

年轻人是企业发展的源头活水。大胆提拔年轻人，为企业的管理层注入新的活力，使员工的积极性大大提高，这样的企业才容易形成蓬勃发展之势。

美国钢铁公司是一个过分注重资历的公司，让年轻的管理人才止步不前。即使是一个精通业务的员工，在该公司若想晋升为一个小厂的厂长，必须在每个职位上各待上5年的时间。因此，该公司各分厂的管理者，一般都在55岁以上，公司的资深主管也都是些60多岁的老头子。

年轻人要想在公司出人头地，也只有耐性十足地遵守年长主管所制定的陈规旧章。这些年长资深的主管，自己不思变革，同时又不让有才能的年轻人升迁，成了公司发展的绊脚石。那一年，公司每卖出1吨钢要亏损154美元，罗德里克终于意识到公司陷入了困境，他焦急万分。

在万般无奈的情况之下，罗德里克不惜重金聘来经营高手格雷厄姆，格雷厄姆以创新的经营手法挽救公司危机而在美国钢铁业界颇具盛名。当美国大多数钢铁业老板为筹借数以百万计美元的经费用以扩大生产规模而伤脑筋时，格雷厄姆却能不费分文，靠着激励经理和员工而大幅度提高产能。

格雷厄姆大胆地裁减资深位高、傲慢自大、一事无成的主管，提拔年轻骨干人才，使所有员工敢于负责，把公司从死亡线上拉了回来。他认为广告对于增加钢铁销售量的作用不大，于是他将负责广告的人员从 50 人裁减到 5 人。同时，他认为 54 人的外销拓展部门的业务发展希望渺茫，而 25 人的经济预测小组做的是不切实际的工作，因此他将这两个部门予以解散。更重要的是，他废除了四至六层的管理层，以减少重叠的机构。

经历了一系列的改革后，员工的积极性大大提高，各级主管年轻有为，公司业务迅速发展，市场占有率大幅回升，取得了令同行不可思议的成绩。

“我劝天公重抖擞，不拘一格降人才”，这句诗不仅是对古代君王用人的一种力荐，更是对现代企业管理中人才战略的一种劝告。现代企业管理者在用人时一定不能循规蹈矩、论资排辈，要敢于任用年轻人，对有特殊才能的人大胆委以重任，只有这样，才能让企业因为年轻人的锐气而充满了积极向上的活力。

在华为，不但有工作 7 天就被提升为工程师的新人，还有 19 岁的高级工程师，即使那些较大的科研项目，华为也可以放心大胆地让年轻人挂帅。在华为，曾经有个年仅 25 岁的大学毕业生来领导 500 多人的中央研究部的事例。

对于这件事，任正非的态度是：年龄小压不垮，有了毛病，提醒一下就改了。正是这种不受传统观念束缚、不论资排辈、不拘一格、放开手脚、大胆任用的用人理念，使得华为内部形成了奋勇向前、极具活力的氛围，给每一个员工都提供了很大的发展空间和成长机会。

在企业管理中，很多企业家认为年轻人做事浮躁，于是把年龄作为任用人才的一项重要标准，以此来降低用人风险。而事实上，年轻人有很多年长者不具备的优点与特长：年轻有朝气，想法新奇独特，接受新鲜事物能力强；敢作敢为，敢打敢拼，且头脑单纯，不工于心计，也不受那么多条条框框的约束，很有可能干出一番大事业。

企业在选拔人才时，要注意以下 3 点：一是要坚持在长期的全面的实践中选拔，不能在短时间内，甚至凭一时一事的印象就下结论；二是要以现实的实践为主，历史的实践为辅选，近期的和现实的实践能够比较准确、比较全面地反映人才的各方面情况；三是要以实效作为判断和评价人才的主要依据，重实效就是重业绩、重实干、重贡献。

挑战困难是优秀企业的一贯作风

管理大师德鲁克说："工作要能够鼓励及引导个人的成长，否则就不能充分利用人力资源所具有的特性。直白地说，必须让员工感觉到他们的工作具有挑战性。"

2008 年年底，郎平与土耳其某排球俱乐部签约，出任主教练。郎平在接受采访时说，她来土耳其之前是希望保密的，因为在北京只是她的经纪人与土耳其这边沟通，所以也无法确定自己是不是能签约，想利用一周时间进行考察。

没想到土耳其电信女排俱乐部在网上公布了她要来土耳其的消息，使她的行程暴露。她在土耳其时间 11 月 28 日晚抵达位于安卡拉的俱乐部，第二天与俱乐部方面进行面谈后感到跟以前经纪人所谈的情况基本相符，而且当时已经进入赛季，俱乐部希望她尽快执教，所以立即就与该俱乐部签约，正式出任主教练。

郎平说："土耳其的排球联赛 10 月就开始了，目前球队的成绩很不理想。我喜欢有挑战性的工作，所以最终决定留下来。"

工作是否具有挑战性，成为许多人选择工作的一个重要标准。"去北京还是留郑州？"在某国企上班的张明为是否继续留在郑州而头痛：待在目前的公司，年收入 6 万左右，环境稳定，工作较安逸，很适合“养老”；跳槽去北京，年薪翻一番，且有不错的发展空间，但收入在北京又算普通。

在朋友眼里，张明的现状既稳定又清闲，单位是国有企业，薪水、福利在郑州已算不错，工作压力也不大，唯一的缺点就是公司“论资排辈”严重，上升空间小。张明网投简历，并去北京一家公司面试，几天后接到通知过去体检。尽管对方给出的待遇比现在要好，可张明还是犹豫：一方面，在郑州这几年发展不错，并且已经贷款买了房，要是过去北京的话，那边超高的房价，房子短期内肯定是“望尘莫及”；另一方面，女友还在读研，明年毕业，女友希望张明能去北京，这样等她毕业过去也有个照应，找工作会方便些。

在公司待了已有 5 年之久的李婷，形容自己的现状是“一潭死水”。薪水也好职位也罢，在短期内都不会有大的变动，工作上也是按部就班。“现在每天都过得没什么生气，基本就是打发日子，我想挪挪窝换个新环境，是不是会有点干劲。”李婷还考虑到，她已经 29 岁，还没结婚，还有结婚和生子两件大事没落实，这会在一定程度上影响用人单位的聘用。因为职场女性普遍在生孩子后会把重心转移到家庭，自己最多还有个两三年的奋斗时间，有了小家庭后冲劲就会小很多。

调查后发现，在 24 ~ 30 岁的白领群体中，不少职场人在身处稳定环境时，心境反而容易产生变化：“拼死拼活地工作，还不是为了今后能有个稳定的生活，可是一旦这种稳定提前到来，反而有点无法适应，总觉得我还年轻，不甘心就这么耗着。”多数白领都表达出这样的心声，然而，一旦有挑战性的新选择出现时，他们又很难取舍：“在安逸的环境里待久了，人的顾虑反而越来越多，容易失去在职业‘险境’中的果敢和勇气。”

最终，为了追求挑战性工作，不想让自己的人生轨迹过早地固定下来，张明和李婷都选择了跳槽，他们希望通过自己的努力使自己的职业发展更上一层楼。

企业管理者应该看到这种客观现象，精准把握员工的心理，充分调动员工的积极性。微软公司就是特别善于利用给予员工挑战性工作的方式激发员工潜能。从 1981 年起，微软公司就开始开发 Windows 操作系统，欲以此与 IBM 的 OS/2 决一雌雄。但令人遗憾的是，这个项目迟迟无法完成。

就在这时，鲍尔默跳槽进入了微软公司，公司将这个艰巨任务交给了他。鲍尔默挺身而出，承担起开发的重任，终于在 1985 年成功地把 Windows3.0 推向市场。这也使鲍尔默声望大增，深受爱戴。

其实，对比原定的推出时间，微软公司已经食言了。1985 年春，微软公司没能在最后期限前研制出视窗软件时，比尔·盖茨曾气愤地说："如果视窗软件不能在年底前上柜台销售，他就要鲍尔默走人。"这个挑战性的工作在很多人看来简直是一个不可能完成的任务。结果鲍尔默不负比尔·盖茨所望，当年 11 月，Windows 在千呼万唤之后终于登台亮相。

这就是微软公司用人文化，微软公司觉得，有一套严格的制度，你就会做一个很规矩的人，但你的潜力发挥到 70% 就被限制住了。微软公司要每个人都做到 100%。特别是做软件，需要人的创造力，所以要有一种激励的文化，如果你现在的情况能做到 70%，那公司给你资源，给你方向，给你鼓励，让你去达到 100%。

企业管理者应该认真思考这个问题：当公司给员工的资源够了，给的待遇够了，给的奖励也够了时，员工还追求什么呢？在微软公司这个答案是唯一的，那就是开展挑战性的工作，实现飞跃式的发展。比赛就是如何有效地配置最好的运动员，谁能够最合理地配置运动员，谁就会成功。这一点对于商业来说没有任何不同。很多人在微软公司取得了成功，微软公司给予员工挑战性工作，员工通过卓越表现，使微软公司始终走在市场的前列。

给员工以挑战性工作，也是本田公司常用的方法之一。在 1984 年，本田公司技术研究所曾面临一次倒闭的危机，本田公司投下巨资增加设备，原本受欢迎的公司的产品销路却大减。种种困难，迫使本田公司难以负荷。在这种情况下，本田公司却宣布要参加国际摩托车赛，并宣称要制造第一流的摩托车，争取拿世界冠军。

很多人把本田公司的口号看成是天大的玩笑，但是本田公司的负责人有着自己清晰的算盘，他期望这种决策可以激发下属的斗志。有些员工十分同情负责人，认为他是被公司的困境扰得神志不清，才想参加这样的比赛。但是也有一部分员工不这么想，认为这样可以使得他们精神振奋。虽然以他们当时的技术来说，还无法同欧洲相比，但是，这种挑战给了他们的信心：没有任何人是不可战胜的，只要甘于钻研，甘于付出。

本田公司负责人自己以身作则，为了研究开发技术，改进摩托车性能，不分昼夜，取消假日，每天都到公司努力工作。或许是他的敬业精神感动了员工，员工个个精神抖擞，忘我工作，终于如期制造出第一流的摩托车参赛，并取得了骄人的战绩，本田公司一举成名。

给员工以挑战性工作，不仅会使员工在自我挑战中得到成长，更能使企业在员工卓越成长中获得丰厚回报。企业管理者应该在如何激发员工潜能上多琢磨，多下工夫。

PART

第二十二章

22

管理者的领导艺术——企业得以发展的关口

领导者的领导艺术

著名心理学家费德勒是提出领导权变理论的重要人物之一。通过调查研究，他提出了3种影响领导行为效果的情境因素：

（1）领导者与被领导者之间的关系，指领导者对员工的信任程度，以及员工对领导者的忠诚和领导者是否有吸引力。

（2）任务结构是否明确，指下达的工作是常规的、惯例的，还是非常规的。

（3）领导者的岗位（职位）权力强弱，指领导者的职位、权力与权威及被上级与组织支持程度。

费德勒认为领导的有效性依赖于情境的有利性，而情境的有利性取决于以下几个变量：

一是任务的结构性（又叫任务结构化），包括任务已标准化、规格化，目标、程序、内容是明确的。任务越是结构化，情境就越有利。

二是领导者的职权，也就是说，领导者的职位或法定权力越大，情境越有利。

三是领导者与被领导者关系，这个变量被看成是以上3种变量中最重要的。

如果以上3个条件均具备，便是最有利的领导条件。如果都不具备，便是最不利的领导条件。

假如将上述任一变量分成上下关系优与差、任务结构性明确与不明确、职权强与弱，则可组合出8种主要的领导形态。

费德勒通过对1200个小组的研究，调查了1200个团体的领导者，收集了将领导风格同对领导的有利条件或不利条件的三维情境因素联系起来的数据，得出如下结论：在组织情况极有利或极不利时，任务导向型是有效的领导形态；在组织情况一般时，人际关系型是有效的领导形态。

善用“连续体”模式

在决策过程中，领导者常常面临这样的情况，即不知是自己决策好，还是让下属参与决策好；是集权好，还是民主好。为了解决这方面的问题，坦南鲍姆和施密特提出了连续体理论。他们认为在两种极端的领导行为之间，存在着许多中介性领导行为，它们与极端领导行为一起构成连续体。

1. 领导者作出决策并宣布实施

在这种模式中，领导者确定一个问题，并考虑各种可供选择的方案，从中选择一种，然后向下属宣布执行，不给下属直接参与决策的机会。

2. 领导者说服下属执行决策

同前一种模式一样，这种模式中的领导者承担确认问题和做出决策的责任。但他不是简单地宣布实施这个决策，而是认识到下属中可能会存在反对意见，于是试图通过阐明这个决策可能给下属带来的利益来说服下属接受这个决策，消除下属的反对。

3. 领导者提出计划并征求下属的意见

在这种模式中，领导者提出了一个决策，并希望下属接受这个决策。他向下属提出一个有关自己的计划的详细说明，并允许下属提出问题，这样，下属就能更好地理解领导者的计划和意图，领导者和下属能够共同讨论决策的意义和作用。

4. 领导者提出可修改的计划

在这种模式中，下属可以对决策发挥某些影响作用，但确认和分析问题的主动权仍在领导者手中。领导者先对问题进行思考，提出一个暂定的可修改的计划，并把这个暂定的计划交给有关人员征求意见。

5. 领导者提出问题，征求意见做决策

在以上几种模式中，领导者在征求下属意见之前就提出了自己的方案，而在这个模式中，下属有机会在决策做出以前就提出自己的建议。领导者的作用体现在确定问题，下属的作用在于提出各种方案，最后，领导者从自己和下属所提出的方案中选择一种他认为最好的方案。

6. 领导者界定问题范围，下属集体做出决策

在这种模式中，领导者已经将决策权交给了下属群体。领导者的工作是弄清所要解决的问题，并为下属提出做决策的条件和要求，下属按照领导界定的问题范围进行决策。

7. 领导者允许下属在规定的范围内发挥作用

这种模式极大发挥了团队的作用。如果领导者参加了决策的过程，他应力图使自己与团队中的其他成员处于平等的地位，并事先声明遵守团队所做出的任何决策。

在上述各种模式中，坦南鲍姆和施米特认为，不能抽象地认为哪一种模式一定是好的，哪一种模式一定是差的。成功的领导者应该是在一定的具体条件下，善于考虑各种因素的影响，采取最恰当行动的人。当需要果断指挥时，他应善于指挥；当需要员工参与决策时，他能适当放权。领导者应根据具体的情况，如自身的能力、下属及环境状况、工作性质、工作时间等，适当选择连续体中的某种领导风格，才能达到领导行为的有效性。这一理论告诉人们，领导行为有效性的条件之一，是要根据具体情况决定“民主”程度，既不能固定在“独裁”一端，也不能沉湎于“绝对民主”一端。

塑造独特的个人魅力

企业要发展，领导者要成功，一定要获得骨干下属的认可、信任、追随、配合。只有如此，员工面对机会、挑战和改革时，才能积极合作，使领导者能轻易驾驭企业，根据需要改变发展方向。

所以，优秀的领导者，不但本身具有超乎一般的意志，并且能将自己的意志力像电流一样传导给下属，使整个团队具有同样坚强的意志力。

这就要求领导者建立起 3 种“高大”的形象：

1. 人格形象

人格形象就是领导者通过精神和内在的修养和陶冶而获得的一种无形人格力量与感召力。人格形象是人的内在精神和特质的展示与感知，没有高尚的人格就不会产生良好的人格形象。

2. 视听形象

视听形象是人格形象的外在表现形式，也就是我们平时所说的“口碑”。能否树立良好的领导形象，是证明领导艺术水平高低的重要标准。

3. 智慧形象

作为领导者，应该具备发展眼光和创造性思维，不但能看到事物的现状，还能预见事物的变化和发展趋势，从别人趋之若骛的地方看到风险，从别人避之唯恐不及的地方看到机会。如此，才能率领团队领先一步，走在别人前面。

领导者要有特别的能力

企业领导者的能力通常表现在高层领导者做正确的事，中层领导者正确地做事，执行层人员把事做正确。

1. 团队设计

团队创建必须以目标为标准，根据目标对团队进行组织安排。团队设计要考虑能力与目标一致，要根据目标选配不同特征、能力的员工进行组合。

2. 合理建构现代人力资源

规划不是数量规划，而是素质规划。每个人都希望有个能让自己充分施展才华的舞台，都希望能够找到自己合适的位置。领导者必须建立一个合理结构，让每一个员工都能恰如其分地在岗位上发挥自己的作用，都有所贡献。合理结构就是能力与岗位的合理配置，只有这样才能让团队成员之间相互配合，发挥整体效应。

3. 明确阶段目标

组织的共同目标是一种文化，是一种价值观。它有时候可能是概念性的，有时候可能又是抽象的。如果没有明确具体的阶段目标，人们就无法知道自己应该干什么，就不会知道每一阶段该达到什么样的目标，也就没有一个衡量工作成就的标准。所以，在整个活动过程中，目标应不断地明确，并且要划分出阶段。

4. 共同奋斗

要使团队为同一目标而共同奋斗，领导者必须能够激起成员的士气。高士气是实现目标的一个必要条件。士气是一群人追求共同目标，持久地、首尾一贯地协力工作的群体能力。高昂的士气是高水平工作的一个先决条件，没有了它，共同奋斗的现象是不会出现的。

5. 有效及时发现和处理纷争

作为领导者，首先要考虑的是何时介入纷争，当感觉问题会给企业造成负面影响，就需要及时介入。介入的方式特别重要，如果仅仅站在领导者的角度去判定谁对谁错，告诉双方该怎么怎么做，是不能解决问题的。应该跟双方就这次事件进行交谈，耐心聆听各方对于这个问题的看法，尝试帮助他们自己分析出矛盾的起源，探讨遇到这种情况可以解决的方法，以及最适合自己的是哪一种方法。最后大家坐下来就这次问题进行总结，化解彼此的心结。

6. 做正确的事

克林顿和布什政权交接后，克林顿对布什说："在政权交接后，你只做你认为正确的事。"这个话其实就是对管理和领导区别的一个重要特点的表现。领导是做正确的事，管理是把事情做正确。任何事物都有它的客观规律，问题是我们是否都认识并把握到了。领导者要先认识、把握这些客观存在的，我们大家还没普遍认识、把握到的事物规律，这个就是领导要做正确的事的含义。

思维格局文库

有一种智慧叫包容
有一种力量叫淡定
有一种境界叫舍得
人性的弱点 人性的优点大全集
卡耐基写给女人
心灵鸡汤
曾国藩全书
李嘉诚经商谋略
胡雪岩经商智慧
巴菲特理财智慧
犹太人教子智慧
男孩穷养 女孩富养大全集
销售圣经
世界500强企业培训经典大全集
企业管理法则
责任胜于能力

思路决定出路
细节决定成败
世界上最伟大的推销员
如何开一家赚钱的店
给你一个团队 你能怎么管
管好员工就靠这几招
教你做一个聪明的投资者
每天学点经济学
从零开始学炒股
每天学点心理学
沟通的艺术
经典口才
低调做人 高调做事
西点军校经典法则
羊皮卷
别让不好意思害了你